ぼくが見つけた いじめを克服する方法

日本の空気、体質を変える

岩田健太郎

光文社新書

「はじめに」の前に

ご存じの方も多いと思うが、新型コロナウイルス感染症の渦中、ぼくは感染拡大が起きていたクルーズ船、ダイヤモンド・プリンセス号に入った（2020年2月18日）。船内の感染対策を最終的な目標としていた。厚生労働省の方に提案され、災害派遣医療チームのDMATの一員としてまずは船内に入り、最初は感染対策をせず、DMATのメンバーとしてDMATの仕事をし、次第に感染の方をやっていく、という手はずだった。

ところが、入ってみると現場のDMATのリーダーに「DMATの仕事はいい、感染対策をしろ」と命じられたので、ぼくは感染対策の仕事を始めた。船内の感染対策には非常に不備が多く、それが危機的に感じられたのだ。

ところが、このときの態度が「某氏」の目に止まり、それが気に入らない、という理由でぼくは同日内に船内から追い出されてしまった。弁明の余地すら与えられなかった。

このあと、ぼくがYouTubeにこの顚末《てんまつ》を英語、日本語でアップしたために、思わぬところで大騒ぎになってしまった。「海外に国内の恥をさらすな」という保守派と、政権批判の道具に使いたい層がこの騒ぎに入り込み、意図も希望もしなかった場外乱闘的議論も起きてしまった。ぼくはこれ以上議論が明後日《あさって》の方向に向かわぬよう動画を削除し、騒動を詫《わ》びた。

そのために、一部ではぼくが「間違いを認めた」から謝罪したと勘違いしたようだが、そういう話ではない。

ここでは言えない詳細もある。言ってもしようがない詳細もある。本題から外れるのでその話はしない。

ここで考えたいのは一点。船から問答無用で追い出されてしまった、という事実。それだけである。

ぼくの言動が現場の誰かを不愉快にさせたらしいことは理解している。それを申し訳なくも思っている。本稿を書いている今でも、どうやったらあの場にとどまりつつ、皆の不安や不満を増強させることなく、危機対策に貢献できたのかは、自問している。反省点もいくつか持っている。自分が全面的に一方的に正しい、と主張する気は毛頭《もうとう》ない。

だが、仮にぼくが間違っていたとしても、「間違っていたから排除する」という理屈はおかしいと思う。今でもおかしいと思っている。そんなものは組織ではない。危機対応時の組織ですらない。

みなが不快に思う、不安に思うと言うなら、ぼくに声をかけて「お前の振る舞いに問題がある」と言えばいいのだ。面と向かって。それならば、こちらも自分の問題点に気づき、反省し、改善するチャンスだってあっただろう。そもそも、それはどこまでがぼくの態度の悪さなのか、どこまでがその「某氏」の好みの問題なのかすら分からない。というか、自分自身は隠れて安全なところにいて、その正体も明かさずに他人を一方的に排除することが、果たして許されることなのかどうか。

アドホックな（その場限りの）根拠で自分の嗜好に合わない人物や行動は排除する。価値観や振る舞いを共有できない輩《やから》は排除する、合う人物とだけ仕事をする。こういう同調圧力や異論の否定は、特に危機管理のときに危険である。間違いがあっても誰も否定できず、そのままみんな揃って「滅びの道」、ということはよくあることだからだ。

これまで、アフリカやアジア、南米などいろいろな国の感染症診療に関与してきたが、国際社会においては問題の解決は、たいていは議論による合意で行なう。たとえ命令系統という上下関係があったとしても、なんのヒヤリングもなく誰かを排除することは絶対にない。

例えば、2014年のエボラ出血熱流行のときは、ぼくはシエラレオネでWHO（世界保健機関）のコンサルタントとして働いていた。

感染拡大防止がうまくいかず、最終的には英国軍がこの対策のリーダーシップをとることとなった。軍人は会議の進行なども無駄がなく、厳しいものであったが、専門家の進言には必ず耳を傾けた。彼らは、自分たち自身は感染対策の専門家ではなく、危機のマネジメントに専心するのが役割だと知っていたからだ。

災害や感染症の現場でいつも強く感じるのは、日本の「現場」はいつも皆、疲れていて、イライラしていて、ギリギリのところまで頑張ってしまっていることだ。特にトップが一番疲れていて、イライラしている。責任感が強いからなのだが、休まず、眠らず、現場から離れず、そして周りの「すべての」相談に対応せねばならず、とても忙しい。

よって、彼には声をかける瞬間すらなく、かけようものならとても嫌な顔をされる。忙しいからだ。方針転換など求めようものなら、「なんでみんな頑張ってるときにそんなことを言うんだ」と怒られる。

海外でも危機時にはみな緊張している。米国の2001年の炭疽菌テロ事件のときなどは本当に忙しかったし、みな大変だった。しかし、リーダーはちゃんと休養をとり、睡眠もとり、現場をしばしば離れて自宅に戻り、家族と会い、リフレッシュして戻ってきた。「すべて」に対応しようとはせず、餅は餅屋で専門家に任せ、自分は全体像の把握と対応に専念し、マイクロマネジメントは極力避けていた。

こういう人物にならなら相談もできるし、進言もできる。いろんな人が進言すれば、新しいアイデアも出てくるので、ベターなプランニングもできる。

日本だと、現場はいつもいっぱいいっぱいなので、意見はできない、よって当初の方針は変更できない。プランAに固執して、失敗したときの代替案（プランB）に舵《かじ》を切れない。間違え出すと、いつまでも間違え続ける。

これは、リーダーを含め個人の責任ではなく、ましてや彼らの誠意ややる気の問題でもなく、単に組織構造の問題なのだ。日本で何か問題提起し、改善を提案すると、すぐに「個人攻撃」と捉える人が多いので、この点は強調しておきたい。

そして、このような、組織やリーダーが憔悴《しょうすい》していっぱいいっぱいなときに、異端の存在は絶対に許されない。普段から同調圧力が強い組織なのだから、危機時にはさらにその同調圧力は強まり、異論は一切許さなくなる。そうやって、わざわざ望んで自分たちがより失敗しやすくするのである。

結局、ダイヤモンド・プリンセス号では、回避できたはずの乗客やクルー、船内に入り込んだ官僚たちの二次感染（と推定される事例）が相次いだ。これらは回避すべき事態であったが、誰にも転進はできなかったのだ。

このような異論を認めない、異端を認めないエートス（空気）が、本書で述べる「大人のいじめの構造」だ。大人の社会がいじめ社会だから、子供社会でいじめがなくなるわけがないのだ。

しかし、もしかしたら、2020年の新型コロナ感染問題で、日本社会もようやく変わりつつあるのかもしれない。もちろん、良い意味で。

新型コロナウイルス感染は、インフルエンザなどと違い、発症初期は軽症で、普通の風邪とたいして症状は変わらない。そしてこれが、日本で新型コロナが流行しやすい最大の原因なのだ。

「普通の日本人」なら、風邪くらいでは絶対に休まない。だから、通勤、通学してしまう。社会でウイルスを広げてしまう。

よって、新型コロナ対策は、病気になったら家で休む、やたらと病院に行かない（病院で感染が広がるので）、満員電車に乗らない、体調が悪いときに会社に行かない、といった対策を必要とする。

これって、日本社会の「常識」をすべて覆《くつがえ》せってことじゃないか。

病気で会社を休みますと言うと、日本では必ず病院に行って「証明書」をもらってこいと言われる。同調圧力が強くて、「ずる」を許したくないからだ。自分たちが働いているときに休んでいる人間がいることに耐えられないのだ。

本当は、病気でパフォーマンスが落ちた人に仕事をさせても生産性は落ちるし、下手をすると自分たちだってうつされてしまうから、休ませてしまったほうが得策なのだが、そういう「生産性」とか「結果」には興味がない。全体のパフォーマンスが落ちてもいいから、俺より得するやつは許さない。

こうやってみんなで一緒に地盤沈下していくのが同調圧力だ。誰かが得するくらいなら、みんな揃って損をしたほうがまし、という非常にねじれた思考プロセスである。クルーズ船内の感染を防御したら、みんなが得をしただろうに、気に入らない人物を排除することで、全員が感染リスクを高いままにしてしまう。まさに「みんな一緒に地盤沈下」の論理だ。

そのような同調圧力に抗《あらが》うことだけが、新型コロナの抜本的な対応策だ。これができるかどうか、「人と違う」ことに耐えられるかどうかが、2020年3月時点で、日本がコロナを克服できるか、の最大の決定要素の一つになっている。

そして、日本の人たちが「人と違う」ことに耐えられるようになったとき。そのとき、日本のいじめ問題も（皆無にはならないまでも）多くは克服、軽減されるだろう。

ピンチはチャンスだ。このような日本と日本人の可能性を期待して、本書を準備している。

はじめに

Courage is resistance to fear, mastery of fear—not absence of fear.　Mark Twain
勇気とは恐怖への抵抗、恐怖の克服のことで、恐怖を抱かないことではない
マーク・トウェイン

ノモンハン事件で、熾烈な火力に対しては、旺盛な敢闘精神も肉弾突撃も所詮は蟷螂《とうろう》の斧でしかないという悲劇的な経験が、日本軍指導層の骨身にしみていなければならないはずであった。

日本軍指導層は、しかし、敗北の経験に学ぶことをせず、敗北の事実を隠すことにのみ真剣であった。その結果、日本軍は自分に都合のよい推測によって敵を評価するという悪癖を、いつまでも匡正《きょうせい》し得なかったのである。

（五味川純平『ガダルカナル』より）

教師による教師のいじめ

２０１９年10月、神戸市須磨区の市立東須磨小学校で、20代の男性教諭などが同僚教師４人からいじめ、暴行を受け、職務の継続が不可能になっていたことが明らかになった。

報道によると、無理やり激辛ラーメンやカレーを食べさせる、いじめられていた男性教員の車の上に乗る、熱湯の入ったやかんに顔を押し付ける、ＬＩＮＥで女性に卑猥《ひわい》なメッセージを送らせるなど、相当悪質ないじめ行為が行なわれていた。殴る、蹴るといった暴行も行なわれていた。

いじめられていた男性教員は、当時の上司（校長）に相談したそうだが、この元校長は教育委員会に報告するなどの対策を怠《おこた》っていた。こういった行為は２０１７年から行なわれていたという（＊１）。他にも20代の教員３名が、同様にいじめ・ハラスメント行為を受けていた。

この問題は、教員による教員のいじめにとどまらない。2019年10月17日の『毎日新聞』の報道によると、この小学校では2018年度から児童間のいじめも急増。2017年度にゼロだったのが、13件に増加、2019年度は半年間で16件も報告されたという。

なぜ子供のいじめは減らないのか

日本では、長年にわたっていじめ問題が継続して発生し、これが問題とされてきた。対策のために学校、教育委員会、自治体、あるいは政府が対策案を検討し、いじめ防止対策推進法のような法律もできた（2013年）。

しかし、子供のいじめは一向に減ることがない。なぜ、システムは問題を解決しないのか。

それは、**そもそも日本社会、それも大人の社会がいじめ体質だからだ。**大人の社会でいじめが普遍的で、これが常態化しており、「世の中はそんなものだ」と多くは納得すらしている。大人の社会がそうなのだから、子供のいじめがなくならないのは当たり前だ。

本書は「大人のいじめ」の構造が、子供のいじめの遠因となっていることを論ずる。そしてどうしたらこの悪循環を断ち切り、大人の社会でも子供の社会でもいじめが蔓延しないようになるかを提案する。

目次

2. 大人の世界のいじめの世界 —— 54

4. 空気ではなく、科学を —— 148

5．いじめ・差別対策に必要な、ビジョンとゴール――186

1. いじめに対峙し、いじめを克服する

学会会場から消された著作

「先生の本が置いていません」

2015年6月4日、ぼくはかつて指導していた感染症医の岡秀昭先生から、ソーシャル・メディアのメッセージをもらった。その日から東京で開催されていた日本化学療法学会総会の専門書売り場に、ぼくの著作が一切販売されていない、というのだ。

日本化学療法学会、というと「化学療法」の学会みたいに聞こえるだろう。化学療法、と

いえば一般の方であれば「がんの治療法」だと考えるはずだ。

しかし、昔は化学療法といえば、感染症を治療する抗生物質のことだった。このへんの事情は、拙著『99・9％が誤用の抗生物質』や『サルバルサン戦記』（いずれも光文社新書）に詳しく書いたので、ここでは繰り返さない。

要するに、日本化学療法学会は、別にがんの学会ではなく、ざっくり言えば感染症の学会だってことだ。日本には感染症関係の学会が乱立しているが、まあ、その一つだ。

ぼくの専門分野が何か、と言われると、ちょっと困る。いろんなことに関心があり、いろいろなことに手を出している。例えば、光文社新書からはタイム・マネジメントやリスク・コミュニケーションの本を出している（それぞれ『1秒もムダに生きない』『「感染症パニック」を防げ！』）。

しかし、一番力を入れているのは感染症領域といえよう。ぼくは内科医で、感染症対策や診療のプロである。

2015年当時のぼくは、日本の学術集会（いわゆる学会）には関心が低かった。学術レベルが高くなくて、勉強になりにくいと思っていたからだ。

2020年の現在は、必ずしもそうは思わない。学会が「かつてほどレベルは低くない」

状態になってきたからだ。また、ぼく自身が学会のレベル向上に寄与せねばならないと思い始めたからだ。

ただ、2015年当時のぼくにとって、日本の学会は「参加に値しない存在」だったのだ。

岡秀昭先生は、ぼくのような怠惰な人間とは違って、とても勤勉な医師である。彼が著した『感染症プラチナマニュアル』(メディカル・サイエンス・インターナショナル)は、医療従事者向けの感染症診療のマニュアル本で、ベストセラーになった。毎年改訂版が出され、毎年それがベストセラーになる。

医学書に特化した書店が、特に力を入れて専門書を販売するのは学会会場だ。なにしろ何千という専門家が一堂に集まるのだ。学会会場には「書店コーナー」が設けられ、そこでたくさんの専門書が販売される。

ぼくは一般書もたくさん書いているが、医学書も書く。感染症の専門書も書く。幸いなことに、その多くは版を重ねており、書店も力を入れて売ってくれる。もちろん、岡先生の『感染症プラチナマニュアル』は鉄板のベストセラーなのだから、特に力を入れて売る……はずだった。

ところが、日本化学療法学会総会の書店コーナーには、岡秀昭先生著の、2015年版

『感染症プラチナマニュアル』が置いていなかった。岡先生が怪訝《けげん》に思って書店の店員に問い合わせると「上の意向」で販売差し止めになったのだという。

第一歩は事実の確認から

いったい、どうして岡先生の著書は販売差し止めになったのか。

さらに問い合わせると、店員はこう言ったのだという。

「『プラチナマニュアル』には岩田健太郎先生の帯文がついている。岩田先生の著書は大会長の命令で売ってはいけないというお達しが出ている。著書だけでなく帯文もダメだと言われた。だからプラチナマニュアルも販売差し止めになった」

なんと、岡先生の著書は、ぼくのせいで販売差し止めになったというのだ。そして、ぼくの本も、学会の医学書販売ブースには1冊も置いていない。

臨床医というのは基本的にリスク・マネジメントのプロである。日頃から、患者の病気という「リスク」と対峙《たいじ》している。

著作の販売差し止め。これもまた急に降って湧いた「リスク」である。このまま放置しておくわけにはいかない。適切な対応が必要だ。

では、何が「適切な」対応なのだろう。

リスク・マネジメントの第一歩は「事実関係の確認」である。医療において、患者に何が起こっているのかを把握せずして、正しい治療はできないからだ。

ここでも第一歩は事実の確認である。

ぼくは岡先生に礼を言うとともに、学会に出店している医学書専門店の名前を問うた。岡先生が教えてくれた、その書店に電話した。事実関係を確認するためだ。岡先生がおっしゃっていたことは(当然)全て事実であった。

次いで、自分が本を出した医学書出版社すべてに連絡を入れた。本当に、販売禁止という「お達し」はあったのか。あったとしたら、誰が命じたのか。それはなぜなのか。

その結果、出版社や書店は、日本化学療法学会大会長から、岩田の名前が入った本の展示・販売をしないよう要請があったことを認めた。

「大会長」とは、毎年行なわれる学会ごとに担当する役回りのことである。

ぼくは学会の慣習には詳しくないので、若干、推測が混じっているが、その業界で成り上がった大学教授たちが最後に行なう、すごろくの「あがり」的な役職が学会の大会長……なのだそうだ。このときの日本化学療法学会総会は、昭和大学の教授がこれを担当していた。彼が、ぼくと岡先生の本の販売を禁じたのである。

翌日には、各所に送られたメールのコピーも入手した。大会長の依頼を受けて、学会運営を担当していた運営会社Mから送られたメールだった。そこには、

主催者より1点条件があり、岩田健太郎先生（神戸大学）の名前の入った書籍は、置かないようにして頂きたいとの事でした。（※表紙に名前が入っているものは厳禁で、著者や編集者の場合も基本禁止）

と明記されていた。

岡先生の『感染症プラチナマニュアル』は、帯にぼくの名前が書いてあったので、販売禁止になったというわけだ。

しかれていた箝口令

帯とは本来、販売促進のために付けるものだ。その名のとおり帯状になっている紙で、著

作の下の方に巻いてある。そこに宣伝文句を書く。岡先生に頼まれて、彼の『プラチナマニュアル』にはぼくの推薦文が書かれていた。

それが販売禁止の理由になってしまったのだから、岡先生には非常に気の毒なことをした。とはいえ彼も、「人として最低の学会だ」と憤《いきどお》っていたが。

さらに、このメールでは、販売停止の指示に従わない場合には学会に出店させない旨、関係者に脅《おど》しもかけていた。また、この話は絶対に口外しないようにとの箝口令《かんこうれい》もしかれていた。

もっとも、書店も出版社も、みんなぼくには事実を教えてくれた。

これまで、ぼくは彼らに迷惑をかけたことはなかった。むしろ、多数の本を作って、少なからずお役には立っていたはずだ。編集者たちとは人間関係もできていた。「黙っておく」ことはできなかったのだろう。

彼らはぼくに、証拠となるメールのコピーも提供してくれた。圧力をかけられている身でやりにくかったとは思うが、よくぞ助けてくれたと、今でも心から感謝している。

ここで彼らが大会長の圧力に屈し、ぼくに対して知らぬ存ぜぬの態度でいたら、真実がこれだけスピーディーに明らかになることはなかっただろう。逆に言えば、箝口令をしいていたから大丈夫だろうと高をくくっていた大会長と、メールを送った学会運営会社Mの目論見《もくろみ》が完全に外れたために、事実が露見したともいえる。普段の人望のなさ故であろう。

いずれにしても、一番の稼ぎ時に販売を理不尽な命令で妨害されて、出版社や書店も大迷惑であったろう。彼らも被害者である。気の毒としか言いようがない。

ぼくが知る限り、こうした実害を被《こうむ》った書店や出版社に対して、2020年の現在まで、大会長からも学会運営会社Mからも日本化学療法学会からも、なんの謝罪の意も表明されていない。身勝手な人物や団体は、人に迷惑をかけても知らん顔なのである。

第三者委員会による調査、そして謝罪

さて、問題が起きた翌日の6月5日。ぼくは日本化学療法学会と学会運営会社Mに電話して、事実関係を確認するよう要請した。化学療法学会はすぐに調べると答えた。

M社の対応はひどかった。

こちらがメールという物的証拠を押さえているにもかかわらず、「自分たちはなんの関係もない。そんなことをするわけがない」と、電話に出た社長は、電話越しに鼻であざ笑うように言った。けんもほろろの態度だった。

後に、第三者委員会の調査では、M社側は「会社としては大会長から依頼されたら断れず、

やむを得なかった」などとうそぶいていたが、あの態度では悪意があったに決まっている。未だにM社はぼくに謝罪の一言もなく、今も学会運営業をやっている。

謝罪がないといえば、指示を出した当の大会長からも、未だに謝罪どころか連絡すらない。なぜ、自分がぼくの著書を販売禁止にしたかったのかの釈明もない。この騒動は『毎日新聞』などに報道されたが、メディアの取材にも、大会長は、なぜこんな行動をとったのか、きちんと説明しなかった。

よって、ぼくも未だに、なぜ自分の本がそんなに彼をアップセット（動揺）させたのか、本当のところは分からない。ぼくの書いた本に何か間違いがあるならば、直接指摘してくれれば（その指摘が正しければ）訂正するし、気に入らない表現があれば、そうと文句を言ってくればよい。

日本化学療法学会は、ぼくの要請を受け、第三者委員会を作って、事実関係を確認するため調査を行なった。ぼくも委員会の面接に応じた。

調査の結果、学会自体は今回の問題を認知しておらず、大会長の独断でやったという結論に達した。学会は全体的には、自分たちは悪くなかったんだけど、迷惑をかけたから、という理由で、ぼくに謝罪の意をウェブ上で表明した。学会員しか閲覧できないよう、パスワードで保護した形で。事件から1年近くたった、2016年4月のことだった。
もっとも、現在に至るまで、学会理事も理事長も、本件について、直接ぼくに会って、何か申し開きをしたり、謝罪をしたりはしていない。

いじめは絶対に看過してはいけない

ここで間違えてほしくないのだが、ぼくは、日本化学療法学会や学会運営会社Mや、件《くだん》の大会長への怒りのために、このエピソードを紹介しているのではない。いや、もちろん、今でもめっちゃムカついてはいる。それは事実だ。しかし、ポイントはそこではない。お伝えしたいことは、たったの2つだ。

1．大人社会はいじめに満ちている。
2．いじめは、絶対に看過したり、許容したり、妥協したり、泣き寝入りしてはならない。そして、泣き寝入りしない方法は、ある。

いじめは絶対悪である。やってもいいいじめなど、この世には存在しない。許容されるいじめも存在しない。必要悪ないじめも存在しない。

そして、どんないじめも克服できる。

これが本書でぼくがお伝えしたい最大のメッセージだ。

いじめは、子供の問題だと考えられがちだ。

しかし、本当の問題は、大人社会にはびこるいじめ体質である。大人社会がいじめ社会なのに、子供のいじめがなくなるわけがないのだ。

子供のためのいじめ対策は、大人が行なうべき義務である。しかし、その大人自身が、いじめが普遍的な社会にどっぷり浸《つ》かり、それを看過している。自分たちの問題すら解決できないのに、学校の子供たちを守ってあげることなんてできっこないのである。

大人の社会でもいじめが普遍的である。ということは、「大人に相談すればいじめは克服できる」とは限らないと考えるべきなのだ。大人にいじめを克服する能力と意欲があるのならば、とっくに自分たちのいじめ問題だって解決しているはずなのだから。

しかし、現実世界はそうではない。ぼくが体験したような、大人社会の組織的な、あるいは個人的ないじめ行為は、例外的、稀有《けう》なエピソードではない。普遍的に、日常的に存在する。そして、多くの「いじめ行為」は看過され、「なかったこと」にされている。

いや、むしろ「大人のいじめ」に対して抵抗したり、否定したりする行為は、「大人げない」と蔑《さげす》まれたりすら、する。「イワタは大人げないなあ。あかん大会長がちょっとイケズやっても、そこは大人しく、はいはい、って受け流すのが大人の態度だよ。真っ向から対決して、メディアにリークまでして、なんか痛々しいよね」って感じで嘲笑的な態度をとるのがカッコいい。このような勘違いをしている同業者すらいる。

事実、医療界、医学界には、このようなハラスメント行為は珍しいことではない。書籍の販売停止問題も聞くところによると前例があるそうだ。以前から「気に入らない研究者の本は、俺は売らせない」的な、幼稚園児のようなハラスメント行為はあったのだ。

しかし、権力を持つ大学教授や学会の大会長に真っ向から対抗するのは憚《はばか》られる、あるいは大人げないと判断され、皆、泣き寝入りしてきた。

矮小化したり、なかったことにする大人たち

医療界、医学界だけではない。この手の「泣き寝入り」を強いられるハラスメント、いじめ行為は、大人社会のあちこちに遍在している。そして、大人社会は、そうした遍在的ない

じめに対する抜本的な対応をとっていない。

大人社会がいじめに対してほとんど無関心、無対応なわけで、子供のいじめに対して「本気の」対応を期待するほうが、どうかしているのではないか。親や教師に相談すればいじめがなくなる、というのはナイーブにすぎる。

実際、親に相談してもいじめはなくならない。教師に相談してもなくならないことも多いし、むしろ、いじめがエスカレートしてしまうことすらある。

校長や理事長、教育委員会に相談しても、いじめは矮小化《わいしょうか》されたり、「なかったこと」にされることも多い。都道府県のような自治体、文部科学省のような中央の官僚たちも同様だ。後述するように、報道されるいじめ被害者の「自殺」も、しばしば矮小化されたり、「なかったこと」にされてしまっている。

問題なのは公立校だけで、私立に行けば大丈夫なんじゃないの？　という意見も聞くが、いじめ問題に詳しい探偵の阿部泰尚《ひろたか》氏によれば、私立学校でもいじめは多く、いじめっ子の親が多額の寄付金を支払っている場合には、公立校よりもいじめは看過、黙認されやすいという。

むしろいじめの克服のためには「大人に相談してもいじめがなくなるという保証はない。

なぜならば、そもそも日本の大人の社会もいじめでいっぱいであり、彼ら自身、それを克服できていないからだ。自分たちで克服できない問題を、子供たちに対してだけ克服できると言うのはナイーブにすぎる」。

そう考えるべきなのだ。

いじめっ子は特別ではない

いじめは自分の気持ちをコントロールできない、一部の特別な人が行なうものだ、という意見がある。

『小学校低学年用　いじめに立ち向かうワークブック　考え方とどうすべきかを学ぶ』（クリエイツかもがわ）によると、「人がみんな自分の気持ちをコントロールできるようになると、いじめはなくなる」のだそうだ。いじめっ子は「心が弱い人が行なう」。いじめられるほうは「悪くない」。そのように教科書は書く（前掲、および『小学校高学年・中学生以上用いじめに立ち向かうワークブック　考え方とどうすべきかを学ぶ』〔クリエイツかもがわ〕）。

しかし、この見解はまったくのデタラメだ。ぼくはそう思う。

いじめっ子は「心が弱い」。これは事実ではない。むしろ、教育関係者の「願望」を表しているに過ぎないのではないか。

つまり、「いじめをするのは一部の困った人たちで、普通の子供たちは『話せば分かる』人たちで、まともな人はいじめなんてしはしない」という「願望」だ。

例えば、「大人のいじめ」を見ていると、自分の気持ちに気づいていながら、あえていじめを行なう人はたくさんいる。子供であっても、「これはいじめだろう」という自覚を十分持っていながら、いじめをしている事例はよくある。

ぼくは子供のときにいじめられっ子だった。小学生のころから、高校卒業くらいまで、あれやこれやのいじめの被害にあってきた。

子供のとき、ぼくをいじめた人たちも、まあえげつない人たちではあったが、いわゆる「気持ちがコントロールできない」タイプではなかった。特に首謀者はクールに、意図的に、作戦的にいじめに加担してきた。

本書を執筆するにあたり、たくさんのいじめに関する書籍を参照したが（巻末参考文献参照）、特に教育関係の書籍において、「人はこうあるべきだ」という「願望」と、「人はこういうものだ」という「事実」とを、混同しているものが多かった。

多くの教育関係者たちは、自分たちの欲望、願望、イデオロギーと、現実との区別ができていない。だから、机上の空論に走りやすいのだ。

「人はこうあるべきだ」はスローガンや願望に過ぎない。スローガンや願望では問題解決には役に立たない。スローガンや願望でいじめはなくならない。

いじめ対策に必要なのは、事実だけ。そこには徹底したリアリズムが必要だ。

具体的な対応法

では、実際にいじめにあったとき、具体的にどう対応したら良いのだろうか。

いろんな「いじめ」関係の書物には、様々なアドバイスが書いてある。しかし、子供のとき、そして大人になったときにいじめを体験した身から言わせていただければ、そういう「アドバイス」の多くは、机上の空論、きれいごとに過ぎず、実際的でもなければ、実効性にも乏《とぼ》しいように思う。

大事なのは、「事実」であり「願望」ではない。「いじめはこういうふうに克服されればいいなあ」という教育関係者の「願望」と、「いじめはこういうふうに克服された」という具体的な「事実」「ファクト」には乖離《かいり》がある。

「事実」は「願望」どおりにはいかないことが多い。しかし、「対策本」の多くは、これを混同しているように見える。

ぼくが子供のときにいじめにあったときは、大抵は「泣き寝入り」するしかなかった。いや、それしか思いつかなかった。自分で我慢して、なかったことにして、他人を騙《だま》し、自分自身の心すら騙して、「やり過ごそう」としたのだ。

確かに、多くの場面において、我慢は「やり過ごし」のためには有効だった。しかし、今から振り返るに、これはとてもいじめを解決したとはいえない。単に臭いものには蓋《ふた》をし、「なかったこと」にしていただけだ。

当時のぼくの対応法が稚拙《ちせつ》だったのだ。とてもオススメできないし、もし当時の自分に戻れるなら、別のやり方をとったに違いない。

例えば、冒頭で紹介した、「書籍販売禁止」という一種の「いじめ」にあった場合には、どうだったろう。これは我ながら、わりときちんと対応できたと思っている。大人になって、「妥当性の高いいじめ対策」が分かってきたのだ。

では、このケースでは、どんなことを行なったのか。そして、どこがよかったのか。

1．事実確認、事実確認、事実確認

とにかく「いじめ」があったな、と感じたら、まずは事実確認である。

なにしろ、「勘違いでしたー」では済まないからだ。自分は虐《しいた》げられている、と思っていても、それは思い込みだった、なんてことはよくある。主観的にいじめられたと勘違いして、仕返しなんかしたら、それこそ「いじめっ子認定」されかねず、巨大なブーメラン状態だ。

「私はこう感じた」ではなく、淡々と「何があった」かを確認する。

ぼくは岡秀昭先生という第三者を通して、「書籍販売禁止」の事実を知った。岡先生は信頼できる方だから、その事実には間違いはないだろうと判断した。

しかし、それが「販売禁止」なのか、書店による自主的な「販売取りやめ」なのかは確認を取る必要がある。（ありそうにないことだが）書店が自主的な判断で、岩田の本を売らないと決めた可能性は否定できない。

ありそうにないことでも、念のため、確認をする。裏を取っておく。こういうところで手間ひまをかけることは、とても重要だ。

2. 証拠保全

「いじめ」対策で大事なのは「**皆を信頼し、かつ誰一人信用しない**」ことである。いったいどういうことであろうか。

例えば、いじめにあって担任の先生に相談しても、取り合ってもらえないかもしれない。教育委員会に訴えても、もみ消されてしまう可能性もある。自治体や国、第三者委員会ですら、「なかったこと」にされたり、事実を矮小化される可能性は否定できない。実際、そういうことは過去にも起きてきた。このことは後述する。

どんな人に相談しても、いじめはもみ消される可能性がある。だから、いじめにあったときは、「誰一人信用しない」ことが大事である。

「誰一人信用しない」ときに大切なのは、物的証拠だ。相手が、自分に対して好意的な判断をしない場合や、事なかれ主義を発動させた場合や、上役に忖度《そんたく》しようとしている場合でも、ぐうの音も言わせぬような物的証拠である。

こういう物的証拠を「保険」として持っておくことはとても重要だ。

「誰かがなんとかしてくれるだろう」という甘い考えは、いじめ対策、いじめ克服では厳禁である。周りは悪人ばかりではないのかもしれないが、自分のためにきちんと一肌脱いでくれる保証はどこにもない。基本的には最悪の事態、つまり「誰も助けてくれない」という仮説のもとで動いたほうがよい。仮にそれが杞憂だったとしても。

ぼくの場合は、日本化学療法学会大会長と学会運営会社Mが、具体的に書店や出版社に「販売禁止」を命じたかどうかの物的証拠が必要だった。「そんなことしてませんよ」とシラバックレられたら、それまでだからだ。

シラを切った大会長は学会のお偉いさんだから、忖度したり迎合しようとする者も多かろう。あるいは、その権力による復讐を恐れるものもいるだろう（「俺も同じ目にあったらどうしよう」）。事実、出版社も書店も、「言うことを聞かなければひどい目にあうぞ」と脅されていた。ああいう輩は、えげつない脅しを平気でかけるものである。

「販売禁止」を命じた物的証拠。ぼくは幸いにも、事件が起きてからすぐにそのコピーを入手できた。これで大会長とM社が加害者である動かぬ証拠を手に入れたのだ。

他言せぬよう脅しをかけられていたなかで、物的証拠を手に入れることができたのは、甚《はなは》だラッキーであった。まあ、大会長とM社が、メールのようなあからさまな証拠を残してしまったのがそもそも愚かだった。出版社や書店が脅しに屈し、黙っていてくれるはずだ、と素朴に信じていたのも愚かだった。要するに脇が甘かったのだ。

証拠保全すべきなのは、こうしたメールやＦＡＸなどの文書だけではない。

例えば、記録だ。いつ、どこで、誰に何をやられたかを詳細に記録することは役に立つ。録音や録画も役に立つ。必要ならスマホで録音や録画をしていてもいい。ただ、記録していることがバレてしまうと、取り上げられたり、逆にいじめがひどくなってしまうこともある。バレないようにすることも大事である。

また、昨今は「ライン外し」など、ネットを利用したいじめも多い。しかし、この手のいじめは、証拠保全が簡単である。誰が、何をやったかは、すぐに足を辿《たど》れる。「証拠保全」という観点からは、ソーシャル・メディアを利用したいじめには対処しやすい。

逆に言えば、いじめという悪行を「バラされたくなければ」、ネット系のいじめには手を出さないほうが賢明だよ。

3．他者への敬意

「誰一人信用しない」で証拠保全をするのが大事だ、と述べた。

しかし、正確には「皆を信頼し、かつ誰一人信用しない」とぼくは述べたのだ。

なぜ、出版社や書店が、ぼくに真実を教えてくれ、物的証拠も提供してくれたのか。

それは、普段から、ぼくが出版社や書店に対して誠実に振る舞っていたからだ。少なくとも、理由の一部はそうであったとぼくは思っている。

ぼくは普段から、コメディカルと言われる医者以外の医療者に敬語を使う。看護師、薬剤師、検査技師、事務方、受付の人、掃除のおじさん、おばさん、その他大勢の大学や病院で勤務する人たちには、原則「タメ口」をきかない。

製薬企業、学会、出版社や書店の方へも同様だ。講演や原稿依頼や書籍の企画などで、いろんなやり取りをする。会議もある。たくさんの対話がそこであるが、ぼくはいつも敬語を使う。

もちろん、そこは仕事だから、ときには厳しい議論もしばしばある。相手を批判することもある。が、「厳しい批判」と「タメ口」は別物だ。

そんなことは当たり前じゃないか、と思う読者もいるだろう。

しかし、多くの医者は、コメディカル、製薬業界、出版社や書店の人たちに敬語を使わない。タメ口である。自分は他者に対して上から目線で物を言う。俺様はそういう立場である、と思い込んでいる人はとても多い。個人的な知己はほとんどないが、件の大会長もそういう人物であったと伝え聞く。

逆説的だが、いじめ対策においてとても重要なのは、他者への敬意、他者への寛容だ。他者に敬意を払わず、他者に不寛容な態度をとっていると、いじめ克服の成功確率が低くなる。

これは決して「あいつはいじめられても仕方がない」とかいう「いじめられてもいい条件」の議論をしているのではない。世の中にいじめられてもいい人なんていない。一人もいない。必要悪のいじめなんていうカテゴリーもない。いじめは、悪だ。不要な悪だ。ここは、はっきりさせておきたい。

しかし、いじめの克服は、観念論ではない。リアルな問題だ。

いじめは悪く、しかし、根絶するのは非常に困難だ。「いじめなんて起きてはならない」「起きるべきではない」という、教育者にありがちな机上の空論、観念論は、しばしば「いじめなんて起きていない」という、現実から目を背けた態度、現実否定、現実直視拒否の態度につながる。多くのいじめや、いじめによる自殺が認定されないのは、そのためだ。

自動車事故は起きてはならない、という「観念」が行きすぎると、「自動車事故なんて起きるはずがない」という現実逃避に転じてしまう。そうすると、シートベルトもエアバッグも必要ないという話になる。これでは対策にならない。

「自動車事故は起きてはならない、けれども起きる」という現実直視が大切だ。それでこそ、シートベルトもエアバッグも必須となるのだ。

同様に、「いじめは起きてはならない」という観念論ではなく、「いじめはよくない」「しかし、いじめは起きる」というリアルな考え方に転じたほうがいい。

そして、このようなリアルな考え方を徹底すれば、「では、どうやってそのいじめを克服するか？　克服できるか？」というリアルな命題に辿り着く。

そして、その答えはこうだ。「いじめに一人で立ち向かうのは不可能だ。ほとんど不可能だ。よって、味方が必要だ」と。

では、どうやって味方を作るか？　味方を増やすか？

そのための「他者への敬意、他者への寛容」だ。

自分に敬意を払ってくれる人、自分を認めてくれる人に、人は敵意を持ちにくい。少なくとも、自分に敬意を払わない人、自分を認めてくれない人よりは、ずっと敵意を持ちにくい。当たり前だ。

要するに、いじめの克服のためには、普段の日常生活のときから、「他者に丁寧に接する、敬意を払う、相手の価値観の存在を認める。多様性を尊重する、寛容的である」ことが大事なのだ。

これは、一種の「ずるい」戦略かもしれない。「情けは人の為ならず」なのかもしれない。「情けは人の為ならず」というのは、情け深い態度は、他人のためではなく、自分の利益のため、ということわざだ。

でも、そんなことはどうでもいい。いざというとき、いじめの被害にあったとき、周りが敵だらけであるよりも、味方が多いほうがいい。少なくとも、敵に回られるよりは、せめて中立的な存在でいてくれる方がまだましだ。

だから、普段から他人には丁寧な態度が必要だ。いざというとき、助けてくれるように。少なくとも、いざというとき、後ろから刺されないために。

繰り返すが、ぼくは普段から、書店や出版社の方には丁寧な言葉を使い、丁寧な態度をとった。締め切りを守らないことはほとんどなく、依頼された仕事はきちんとこなした。あと、ささやかながら出版社や書店の利益にも貢献した（と思う）。少なくとも、「岩田なんか、助けてやるもんか」と総スカンを食うような関係性にはなかった、と信じたい。

学会と運営会社から露骨な脅しをかけられ、これに逆らうことは皆、とても大変だったと思う。いつでもどこでも、このような善意が発動されるという保証はない。学校でのいじめにおいても、「誰も助けてくれない」ということはある。ぼくにも経験はある。

それでも、だ。いざというとき、「誰かが助けてくれる可能性」を最大化しておくことは、とても大切なのである。少なくとも「何もしない」よりはずっとましだ。

これがリアルないじめ対策である。

リアルないじめ対策は、いじめと対峙するとき結果を出すこと。いじめの加害者に屈しないこと。負けないこと。これに尽きる。手段は、結果を出している限り、まあ、ある程度はなんとでも正当化できる。

4．オープン攻撃

いじめに対峙するときは、できるだけ戦いの場をオープンにしたほうがよい。密室はダメだ。クローズな場所での対策となると、すぐに隠蔽《いんぺい》、矮小化が起きる。

ぼくが日本化学療法学会大会長から「いじめ」を受けて、事実確認をしたあと、すぐやったのは、ソーシャル・メディアへの公開だ。

ツイッター、フェイスブックで「起こったこと」をそのまま流した。すぐに大きな反響が来た。

メディアにもリークした。毎日新聞がこれを取り上げて、報道してくれた。実はこのとき、露骨に無視したメディアもある。そういうメディアは「そういう態度なんだな」と、そのとき肝《きも》に銘じたものだ。

クローズにしない、オープンにする。日本化学療法学会に対しても第三者委員会での検証を要求したが、こういったことも、学会事務局に電話するだけでは、黙殺されたり、知らぬ存ぜぬを決められたりする可能性は高い。ちゃんと自分のブログで「化学療法学会にここまで要求してます」と公に告知していたから、彼らも動かざるを得なかったのだ。

これは学校のいじめでも同様だ。

確かに、ソーシャル・メディアは諸刃《もろは》の剣《つるぎ》だ。ライン外しなど、いじめの道具として使うこともできる。しかし、逆手もあって、ツイッターなどを使ってえげつないいじめの事実を明らかにすることができるし、隠蔽があったときなどはそれを告発することもできる。

こういうツールはどんどん使うべきだ。例えば、担任教師や校長や教育委員会がいじめの被害を認めてくれなかったり、矮小化しようとしたら、そのことをツイッターで告発すればよい。

そうなったら、彼らは絶対に対応してくれるはずだ。今日、いじめ問題の看過は法的にも社会的にも許されない。場合によっては教育者たちの社会的な「死」すら意味するからだ。

で、注意点としては、最初の「事実確認」に戻る。もし間違いをツイッターでばらまいてしまい、あとでそれが正しくないことが分かると、「あいつはデマを広めている」と一気に信用を失ってしまう。信用は築くのは難しいが、失うのはとても簡単だ。

フェイク・ニュースがたくさん流れている今だからこそ、「事実」にこだわる姿勢は大切である。受けた被害は事実関係を確認し、物的証拠を保全して、公表する。受けてもいない被害を針小棒大に喚《わめ》き散らして、実は間違いでした、となれば、「いじめ対策」もへったくれもない。あいつの言うことはどうせデマだ、ということになって、ソーシャル・メディアで何を言っても、誰も信用してくれなくなるだろう。

事実を隠蔽しない、矮小化しない。これはいじめの対策に携わる親、教師、教育委員会、行政など、すべてのプレイヤーが絶対に守るべき鉄則だ。

逆に、いじめの被害者も、「恨み余って」の態度をとって、ありもしない被害をでっち上げたりして溜飲《りゅういん》を下げることのみを目的にしてはいけない。やるべきは事実の確認と公表、それだけだ。受けてもいない被害をアピールしても、もしそれがバレたら大炎上だ。結局は自分が損をするだけなのである。

すえのぶけいこの漫画『ライフ』(講談社)は、主人公の椎葉歩《しいばあゆむ》が同級生のいじめと戦う物語だ。

いじめの首謀者、安西愛海《まなみ》はしかし、両親や教師たちに、「自分こそがいじめられており、そのいじめの加害者は椎葉歩である」と主張する。

いじめの加害を受けた者は、いじめを回避しようとする。ときにそのいじめと戦い、いじめを克服しようとする。

しかし、そこで上手に振る舞わないと、「お前のやっていることだって、いじめだろうが」という反論にあう。いじめへの抵抗が、やはりいじめだ、という論法だ。

「いじめ」と「争い」の分岐点は曖昧《あいまい》だ。戦争だってそうだ。どちらかが一方的に加害者で、どちらかが一方的に被害者である戦争などあるだろうか。大抵の場合、双方の主張は乖離する。日中戦争は日本が中国に仕掛けた侵略戦争だったが、多くの日本人はあれを「アジアを解放するための」戦争だったと主張する。

相対化することが正しいとは言わない。が、絶対化すれば、必ずいじめの冤罪《えんざい》が生まれる。被害者と加害者がひっくり返るという悲劇が起きる。

だから、「いじめ」と「抵抗」を明確に分断する必要がある。相手がいじめをやめたら、自分も抵抗しない。ここを厳格にしておかないと、いつでもいじめの連鎖が起きるし、相手から「おまえのやっていることもやはりいじめだ」という批判を受ける余地を与えてしまう。

以上のように、いじめへの対峙では「事実確認」「証拠保全」「他者への敬意」「オープン攻撃＝ソーシャル・メディアの活用」が有効だ。

その背後にあるのは、「事実」への敬意と、「皆を信頼し、かつ誰一人信用しない」というリアルでクールな態度である。

2．大人の世界のいじめの世界

貴ノ岩と、貴乃花親方へのいじめ

「はじめに」でも述べたが、日本社会においていじめが普遍的なのは、ある意味当然である。そもそも、大人社会にだっていじめが蔓延しているからだ。大人の社会がいじめ社会なのだから、子供の世界でいじめがなくならないのも当たり前だ。

要するに、教育者たちも親たちも、その他の大人たちも、子供のいじめを本気の本気でなくそうなんて思っちゃあいないのだ。

大相撲の横綱、日馬富士関が、２０１７年10月に、幕内の貴ノ岩関に酒の席で暴力をふるい、怪我をさせた。これを受けて貴ノ岩の所属する貴乃花部屋の貴乃花親方（当時）が警察に被害届を出した。

結局、横綱日馬富士は引退を表明、相撲を廃業した。後に、簡易裁判所がこの暴行事件について、罰金の略式命令を出した。モンゴル出身の日馬富士は、日本に帰化しないままに引退したために親方にもなれず、そのまま相撲界から姿を消す結果となった。

また、親方だった貴乃花は、日本相撲協会の理事を解任されてしまった。

ここでまず問題にしたいのは、貴ノ岩と、親方だった貴乃花への「いじめ」だ。

第一に、貴乃花だ。警察に届け出た貴乃花を、相撲界も外部も批判した。

例えば、横綱審議委員会の北村正任《まさとう》委員長は「貴乃花親方の姿勢は納得できない。理事という立場にあって、協会全体が進めることをぶち壊すような動きをしているという疑念、不可解だという意見はみんなあった」と述べたという（＊2）。

しかし、貴ノ岩は暴力を受け、怪我をした被害者である。被害者である貴ノ岩や貴乃花が「（相撲）協会全体が進めることをぶち壊すような」と批判されるのは、全体の調和を個の被害に優先させる、まさに「いじめの論理」である。

相撲協会としては、貴乃花が警察に被害届などを出さず、協会内部で内々にことを収めてほしかったのだろう。まさにいじめの隠蔽体質そのものである。

それをしなかったから貴乃花は、「協会全体が進めることをぶち壊す」と非難される。しかも、世間にこの意見に同調する人は多く、まさに社会全体がいじめ容認のエートス（空気）を持っているわけだ。

落語家の立川志らくはこれに対し、「協力しないってところで組織では『いかがなものか』っていうのはもちろんあるけど、なんでもっと加害者を非難せず、被害者側をやたらと非難するのか、わけがわからない」「これは学校でイジメの被害者の親を『なんで学校に協力しないんだ』ってみんなで批判している（のと同じ）」と述べた（＊同前掲）。全くそのとおりだとぼくも思う。

世間やメディアに再起不能にされた日馬富士

次いで、「加害者」である日馬富士である。日馬富士は２０１７年11月29日に引退を表明した。

もちろん、暴力はいけない。そんなことは当たり前だ。

しかし、謝罪し、反省している人物は許されるべきだともぼくは思う。悪いことをしたのだからと、完膚《かんぷ》なきまでに、再起不能になるほどに罰せられるというのは、それもまた一つの「いじめ体質」ではなかろうか。

簡易裁判所が罰金刑を言い渡したのは、2018年のことである。相撲協会や所属する部屋が日馬富士を処罰するなら、警察の捜査が終わり、判決が確定し、事件の全容が解明してから、「起きたこと」に対して処罰すべきだった。なぜ、「事態が解明されていない」時点で、引退という取り返しがつかない形での（事実上の）処罰に至らねばならないのだろうか。

それは、「世間やメディアが『納得しない』」という「空気」に対する処分だったからだ。**事実ではなく、空気。これこそが日本社会の集団いじめの構造だ。**

2018年になり、判決が確定してから、日馬富士を罰するのではだめなのだ。なぜならば、翌年（2018年）になれば、この騒動は沈静化してしまい（事実、沈静化した）、世間はすでに騒いでいないからだ。騒がなくなってからの処罰では、「空気」が収まらないのである。

貴乃花の相撲協会理事解任の詳細は分からないが、これも多分に、エキセントリックなところがある同氏が相撲協会の「空気」に同調しなかったから、という側面が強かろう。同調圧力に屈服しない人物は罰せられるのだ。

事実ではなく、空気で罰する。これも日本社会の特徴だ。実際に起きたことによってではなく、大騒ぎになることで、大勢で袋叩きにしてやれという空気（＝エートス）が生まれる。このような空気の中では、どんなにボコボコに当該人物をいじめても文句は言われない。いじめっ子は、「文句を言われない」という保証があることを確認してから殴りにかかる卑怯《ひきょう》者《もの》だ。

最近では、芸能人など有名人物が、違法薬物に手を出して検挙される事件が相次いでいる。このときも、「法」による事実関係の確認や処罰が起きる前に、関係者による集団リンチが起きる。当該人物が出演していたテレビ番組から干し、過去の出演作品すらアーカイブから削除し、世界からその存在そのものを抹殺《まっさつ》する。

もちろん、法を守るのは大切であり、違法薬物使用が間違っているのは当然だが、間違っているから叩き潰して良いわけではない。しかも法による処罰に加えての二重罰だ。これでは単なる過剰な暴力ではないか。

また、日馬富士の「引退」は自主的な決断だから、「処罰」ではない、という言い分はまかり通らない。日馬富士が本心では引退したくなかったのは間違いないのだから。いじめられて自殺した子供に、「自殺は自己決定だ。いじめた人たちはなにも殺すつもりなどなかった」とうそぶくのと同じことだ。日馬富士の引退という決断は、周囲の空気が強いた、事実上の「処罰」である。大勢で日馬富士を袋叩きにする、「いじめ」に等しい行為である。

本件は、日馬富士が貴ノ岩を「いじめ」、貴ノ岩と貴乃花が相撲協会や横綱審議委員会やメディアやその他大勢に「いじめられ」、やはり日馬富士が大勢に「いじめられ」……という、いじめの連鎖である。客観的な事実とは無関係に、空気さえ醸造してしまえば、どんな非道ないじめも許される（かのような集団錯覚に陥る）。

いじめの正体とは「空気」

テレビドラマ『リーガル・ハイ』（第1期）のスペシャルドラマ第1弾『リーガル・ハイ・スペシャル』（2013年）では、中学校でのいじめをテーマに扱っていた。

主人公の弁護士、古美門《こみかど》研介（堺雅人）は、いじめ被害にあって自殺未遂に至った中学生を弁護する。そのとき「いじめの正体」をこう述べている。

「そもそも、いじめの正体とは一体なんでしょう。加害者生徒、教師、学校。いえ、そのどれもが本質ではありません。正体は、もっと恐ろしいものです。それは教室だけでなく、職員室にも、会社にも、家庭にも、この国のあらゆるところに存在します。我々は常に周りの顔色をうかがい、流れに乗ることを強いられる。多数派は常に正義であり、異を唱える者は排除される。

いじめの正体とは、『空気』です。特に右から左、左から右へと全員で移動するこの国では、空気という魔物の持つ力は実に強大です。この敵の前では、法ですら無力かもしれません。全てを飲み込み巨大化する恐ろしい怪物。立ち向かうどころか逃げることさえ困難な相手です」

『リーガル・ハイ』はコメディードラマであり、基本的には面白おかしく楽しむ娯楽作品である。しかし、チャールズ・チャップリンの映画がそうであるように、笑いの背後には風刺があり、風刺の背後には問題の本質がひそんでいることも多い。本作品はフィクションでありながら、いじめの「正体」、いじめの「本質」を看破している。

先の相撲界の話には後日談がある。後にメディアは、モンゴル人力士、特に横綱白鵬を

「いじめ」にかかったのである。白鵬は暴行の現場に居合わせただけである。事件との直接の関係はない。

しかし、取り組みで行司の判定に納得しなかった、優勝後の表彰式でコメントをしたり、万歳三唱をしたなどと、いろいろな難癖《なんくせ》をつけてバッシングし出したのだ。このあと、白鵬バッシングは相撲界のあちこちで繰り返し行なわれる。

万歳三唱を素晴らしいと見るか、見苦しいと見るかは、各人の価値観に依ろう。問題は、「自分（たち）と異なる価値観の行動をとった」ことが、バッシングを正当化している点である。

そもそも、白鵬が優勝しているなかで、「日本人の横綱がほしい」といったコメントをNHKのアナウンサーや解説者が行なうこと自体が差別的であり、いじめ的である。

このことを、組織学者である太田肇氏（同志社大学教授）はこう説明する。

人間には他人から認められたい、ほめられたいという承認欲求がある。しかし日本の社会では魅力的な個性や優れた能力、卓越した業績をたたえる「表の承認」より、出すぎず、和を乱さないことをよしとする「裏の承認」風土がある。そのため承認欲求は他人への嫉妬や意地、メンツというような屈折した形で表れやすい。そして自分の承認欲求を満たすため、「出る杭（くい）」を打ったり、他人の足を引っぱったりする。他人の価値を下げることで、自分の存在感を示そうとするのである。

（太田肇『白鵬たたき』にみる日本型〝イジメ〟の構造」〔＊3〕）

このように、日本の大人社会の「いじめ」には、構造がある。空気がいじめを正当化し、「出る杭」に対して、他人の足を引っ張ることが正当化される。他人の足を引っ張っても何一つ前進しないのに、前にいる人間の邪魔をすることで、いい気分になる。日本で「生産性」がないと批判されるのは、このような無意味なことにエネルギーを使うことが常態化しているところにも原因がある。

SMAP元メンバーに対するジャニーズ事務所のいじめ

人気アイドルグループSMAPは2016年に解散した。ジャニーズ事務所に所属していた彼らの一部は事務所に残ったが、香取慎吾、稲垣吾郎、草彅剛の3人はジャニーズ事務所を退所し、別事務所を立ち上げた。

ところが、この3人は、ＳＭＡＰ解散後にテレビに出演しなくなった。特に民放番組から姿を消した。

２０１９年7月、香取、稲垣、草彅の３人が民放テレビに出演しなくなったのは、かつて所属していたジャニーズ事務所から出演させないよう圧力がかかっていたためだった、とＮＨＫが報じた（＊4）。公正取引委員会は、独占禁止法違反につながるおそれがあるとしてジャニーズ事務所に注意したという。

ジャニーズ事務所は「圧力はかけていない」と否定している。しかし、圧力はかかっていたのだろう。もちろん、各局にＦＡＸやメールを送り、「香取、稲垣、草彅の３人を干せ」と通達するような、どこぞの学会の大会長のような真似はしないだろう。すぐに裏を取られてしまうからだ。

しかし、関係諸氏に目配《めくば》せしながら「分かってるよな」とひとこと言うだけで、各人は忖度するような関係性にはあったのだろう。そう簡単に断れないほどの圧倒的な力を、ジャニーズ事務所が持っているからだ。公正取引委員会が公正性を問題にするのも当然だ。

このような「事務所を去ると干される」という行為は、芸能界では慣習的に行なわれてきたようだ。組織に迷惑をかけた個人が、事後的にその組織からいじめられるのは当たり前。

そういうエートスがここにある。

つまりは、社会におけるいじめの公認である。言うことを聞け。さもなければ、いじめるぞ。そしてこのいじめは、オフィシャルに認められた、誰も反論できないいじめだぞ、というわけだ。

前述したぼくの著作販売停止にまつわるエピソードも、あとでいろいろな人に話を聞くと、前例のない話ではなかったらしい。学会大会長と犬猿の仲にある研究者の著作が販売禁止になったり、ライバル関係にある大学医局の出版物が展示されなかったり、という事例はこれまでにもあったという。

しかし、医学界ではこれまで、そういう一種のパワハラ行為があっても、「そんなものだ」と看過していた。学会のお偉いさんが少しぐらい横暴に出るのはやむを得ない。長いものには巻かれろ、で我慢するしかない。そういう「文句を言えない」雰囲気があるためだ。

残念なことに、ぼくは学会に定期的に参加するような勤勉な医者ではなかったため、そのような「大会長の横暴は我慢しろ」などというエートスも慣習も学ばなかった。もっとも、知っていたとしても、無視したと思うけど。

芸能界においても、これまで多くの芸能人たちが、事務所の横暴に泣き寝入りしていたのではないか。事務所を辞めるな。不利益な条件でも事務所のために働け。辞めると干すぞ。言うことを聞かなければ、やはり干すぞ。この業界では生きていけないぞ。そう脅されてきたのではないか。

その脅迫に屈しなかったのが、元ＳＭＡＰの香取、稲垣、草彅の３人だったというわけだ。人気絶頂のＳＭＡＰの元メンバーとはいえ、業界大手のジャニーズ事務所の圧力に抗うのは、相当、勇気が要ったことだろう。事実、彼らは事務所の言うことを聞かなかったために、社会的な制裁を受けているのである。それも、何年間も、である。

業界のいじめは減るはず――ソーシャル・メディアでの暴露の可能性

とはいえ、このような芸能界の「常識」――事務所を辞めたら干されるぞ――は、だんだん減っているものと推測する。まあ、願わくばなくなってほしいのだが、完全になくなるにはまだ時間がかかるだろう。旧世代の「いじめ？　必要悪ですよ」的な人たちが、業界に残っている限りは。

しかし、それも時間の問題だ。

なぜ、そう思うのか。

それは、こういういじめ体質は、ラージ・メディア、あるいはソーシャル・ネットワーク上で暴露される可能性が高まっているからだ。

これまでのように、関係者全員が口をつぐんで業界に蓋をするということはなくなり、誰かが問題提起をする。実名で、あるいは匿名で。

ぼく自身、日本化学療法学会の「販売禁止」問題が発生したとき、すぐにツイッターでその事実を公にして、逃げたりごまかしたりできないように最初から釘を刺しておいた。SNSの有効活用は、いじめ対策に一定の効果がある（もちろん、すでに述べたように、ソーシャル・メディアには「ライン外し」のような負の側面もあるが）。

実は、ぼくが日本化学療法学会での問題で葛藤しているときも、どこまで問題の環を大きくするかは詳細に検討した。

日本化学療法学会は公益社団法人である。これは「公益社団法人及び公益財団法人の認定等に関する法律」によって定められた団体で、公の利益を増やす事業を行なわなければならない。単なる学者の仲間たちが集まった、お友だち集団ではダメなのだ。

公の利益を増やす事業をきちんと行なっていると認定されると、団体は公益社団法人を名乗ることが許され、税制面などで優遇措置を受けるメリットがある。その公益社団法人の学会長が、（おそらくは）私的な理由で、個人の著書の販売停止などを行なうことは、到底許されない。

だから、ぼくはいろいろな人のアドバイスを受けて、この問題がまったく解決されなそうであれば、監督官庁たる内閣府に告発し、問題を提起して、公的調査を要求するつもりだった。

この問題が担当官庁に上がれば、最悪の場合、日本化学療法学会は、公益社団法人たる資格を失う。税制優遇がなくなれば、財務上の損失は巨大なものとなるし、なにより学会の社会的な信用は地に堕ちる。信用されない学会くらい、役に立たないものはない。

疑惑のもみ消しも困難に

もちろん、内部告発事案に対し、担当する監督官庁がこれを無視し、もみ消し、矮小化し、あるいは対象組織からの報復を許容するという懸念もある。

しかし、これも、官公庁ではそうそう行なえないようだ。

これは2014年の厚生労働省の不祥事がきっかけとなっている。

アルツハイマー病の治療法確立を目指す「J‐ADNI」（ジェイ・アドニ）という国家

研究プロジェクトがある。このプロジェクトでデータの改竄《かいざん》が行なわれた、という内部告発が厚生労働省に上がった。

ところが、あろうことか厚労省の担当者は、この告発メールをそのまま研究チーム代表たる教授に転送し、「内部でよろしく解決してください」と言わんばかりに丸投げにしてしまった。疑惑のもみ消しを助けてしまったのだ。

これを『朝日新聞』が報道して大騒ぎになった。

内部告発については、公益通報者保護法という法律があり、一定の条件下で、告発者は保護される。また、そもそも国家公務員は国家公務員法の規定で、職務上知り得た事実を他者に勝手に漏洩《ろうえい》してはならない。

今回のJ－ADNIのケースでは、内部告発そのものは公益通報者保護法の規定に該当しなかったが、メールを転送した官僚は、国家公務員法違反のために懲戒処分となった。

いずれにしても、こういうご時世である。組織が明らかに間違ったことをしたときに、監督官庁に内部告発するという手段はあるし、これをもみ消したりするのは困難だ。監督官庁は前述の理由から、動いてくれる可能性が高い。動いてくれなければ、週刊誌のようなラージ・メディアかソーシャル・メディアを通じて、そのことを問題提起すればよい。

ぼくの場合は、日本化学療法学会が先に動いてくれ、第三者委員会を作って調査してくれた。よって結果的に、内閣府への告発という行為はとらなかった。

ただ、それは「最後の手段」として、いつもぼくの作戦の中にはあった。上手くいかなかったときのコンティンジェンシープラン（緊急時対応計画）、次善の策は、いつだって大事である。保険をかけるのだ。

寛容には寛容に、不寛容には徹底的に不寛容に

とはいえ、「いじめ」の克服そのものが、いじめ行為の連鎖を生んではならない。

不寛容に対しては徹底的に不寛容を貫くが、誤りが是正された時点で、相手方の個人や団体をそれ以上処罰するのはよくない。それ自体がいじめ行為の連鎖をもたらしてしまうからだ。日馬富士のバッシングなどは、本来許容してはいけない「いじめの連鎖」なのだ。

だから、反省している化学療法学会をさらに追い込むように、内閣府に告発するのはフェアとはいえない。それは、化学療法学会の対応がまずい場合のみに発動すべき、「最後の手段」だ。

先にも述べたが、**相手がいじめをやめたら、こちらも戦うのを即座にやめる。これは鉄則**

だ。

逆に言えば、いじめ行為が続いている場合や、相手がいじめ行為をやめようとしない場合、また、なんの反省態度も見せておらず、改善の意思も表明しない、という段階では、**報復行為は全然ありだ。**

報復は、いじめられている側の生存のために非常に大切な手段である。「寛容には、寛容。不寛容には徹底的に不寛容」の態度を貫かなければ、弱い立場のいじめられている側は、いつだって不利な立場のままである。

観念的な教育者の「報復や攻撃は良くない」なんてお題目は、聞く必要はない。彼らだって自分が同じ立場に立てば、やはり同じように、自らの生存をかけて戦うことだろう。

かつてのように「干せ」なくなった芸能事務所

ところで、元SMAPの3人や、やはり所属事務所を辞めたという理由で「干されていた」女優の能年玲奈（現芸名、のん）たちだが、ソーシャル・メディアでは認知度や人気を保っている。嫌がらせをしてきた元所属事務所には、むしろネガティブなイメージがつきまとってしまった。元所属事務所の意向とはうらはらに、「のん」を「干し続ける」ことが困難になったのだ。

筆者はテレビもYouTubeもほとんど見ないので、芸能人の姿をほとんど目にしないのだが、執筆時点の2020年3月には、JR西日本の「ホーム転落防止キャンペーン」に起用されており、JR三ノ宮駅の構内では、彼女の駅員姿の写真をあちこちで見かけている。

ジャニーズ事務所による「いじめ」は、ジャニーズ事務所という巨大組織が、テレビ界というこれまた巨大な産業と共犯関係にあり、「俺たちの言うことを聞かないタレントは干せ。さもないと、うちのタレントはおたくに出さないぞ」というジャニーズ事務所の脅しにテレビ界が便乗することで成立する。テレビが非常に強力だった時代には、これだけで、事務所との関係を悪化させたタレントの生き残る道は、かなり限定されてきた。

ところが、テレビ界はかつてほど強力ではない。その証拠に、元SMAPの3人も、インターネットの動画を活用して芸能活動を継続し、高い人気を維持している。

「のん」も芸能活動を続け、彼女が声優出演したアニメ映画『この世界の片隅に』は、2019年8月にNHK総合テレビで放送された。

そして、ネットの口を塞ぐことは（まあ、例えば中国のようなネット規制が厳しい国に住んでいない限りは）不可能だ。民放では依然として放映されない人気作の『この世界の片隅に』だが、こういったいじめ的な状況に関しては、必ずネットで問題提起がされ、業界への批判が出る(＊5)。

「のん」に元所属事務所の圧力があるのか否かは、ぼくには分からない。ネットの「噂」の真偽も明らかではない。

しかし、問題はそこではない。芸能事務所はかつてのように、言うことを聞かないタレントに対して何も考えずに「干す」ことは、許されなくなってしまった。そうした行為は、瞬く間にネット上で情報化され、拡散され、企業イメージを著しく損なうことにつながるからだ。そうなると、企業イメージを損なった芸能事務所にあえて入っていくような新人タレントは減っていく。

芸能事務所にとって、これは一種の「滅びの道」といえよう。

テレビのワイドショーや民法のニュース番組は、「ジャニーズ事務所が元SMAPを干した」というニュースを黙殺した。が、これもネットが暴露してしまった。そして、公正取引委員会の活動を受けて、NHKが結局、これを報道してしまった。以前のような「黙殺」策が上手くいきにくくなっているのである。

巨大組織によるいじめには「スキル」で戦う

そもそも、ジャニーズに関心を持つ世代の多くは、もはやテレビを見ない。しかし、スマホは見る。「ジャニーズ事務所はやばい組織」という情報が流布すれば、新しいタレントが事務所に参入するのは困難になる。繰り返すが、これが「滅びの道」なのである。

そして、ある閾値《いきち》が超えられる。日本社会独特の「叩いてもよい閾値」（後述）だ。

日本では、政治家や高級官僚や巨大企業など、パワフルな人物や組織は、ある閾値まではアンタッチャブルだ。怖いので、誰も手を出せない。

マスコミも報じない。テレビも新聞も黙殺する。知らんぷりをする。

しかし、風向きが変わり、「もうこの人を、組織はかばいきれない。かばわなくてもよい」という判定がなされると、途端にタコ殴り体制に転じる。

みんなで殴れるんだったら、俺も殴ろう。

まあ情けない体質である。

本稿執筆時点では、特にラージ・メディアがジャニーズ事務所を叩きまくる、という状態にはなっていない。

しかし、それはジャニーズ事務所がパワフルだからというよりも、「他に叩きがいがある存在」が出てきたからだろう。例えば、吉本興業である。このことはすぐに述べる。

ＧＡＦＡ（Google, Amazon, Facebook, Apple）に代表されるように、グローバル社会によって独占性が強まる業界がある。独占性は多様性と真逆な存在のように思えなくもない。

その一方で、ネット社会になって、多様性が広がる要素もある。芸能事務所や広告業界、テレビ、新聞といった、かつての独占的な巨人たちは、その独占性を利用したいじめ行為を行ないにくくなっている。もし行なえば、すぐにメディアに看破される。そして、自らが炎上、バッシングの対象にすらなってしまう。

たとえジャニーズ事務所が今のような体質であり続けても、独占的に巨大な事務所のままでいれば、人は集まってくるだろう。パワフルだからだ。

しかし、そういう巨大性そのものに魅力を感じなくなっているのが、新世代の若者たちである。昭和の時代とは違うのである。出ていくものを干す体質を改めない限り、新規の参入は先細り、組織そのものも縮小していくだろう。彼らのホームグラウンドである、テレビ業界とともに。

いじめの克服は、「いじめはよくない」と連呼することだけからは得られない。いじめがなくならないのは、いじめることで得られる物質的、精神的利得があるからだ（ムカついたのが、すっきり！）。

よって、いじめの克服は、「道徳の授業」的なアプローチによってのみで行なうべきではない。

いじめが本来的に損な行為であり、物質的利得は皆無で、精神的にも、むしろ追い詰められてしまうつまらない愚行であるよう「しむける」のが大事なのだ。

後述するように、「いじめはいけない」と道徳の授業で連呼をしても、いじめは絶対になくならない。

しかし、「いじめなんてしていると将来これだけ損をするよ」と具体的に示すという、クールでリアルな対応は有効なのだ。

巨大組織による組織的いじめ。しかし、これまでのように泣き寝入りしないこと、巧みに振る舞い、仕掛け、しむけること。いじめ対策は、ネット社会を活用した「スキル」の時代になっている。

その象徴として、元ＳＭＡＰの３人や「のん」たちには、ぜひ今後も活躍し続けてほしい。いじめを克服した好例として。

そしてジャニーズ事務所にも頑張ってほしい。昭和な古い体質から脱皮してほしい。自らが生き残るためにも。

不寛容を許すと、多様性を萎縮させる

繰り返す。いじめには不寛容な態度を貫くべきだ。いじめに対する寛容な態度は、いじめ対策を滞らせる。

こんなことを書くと、いじめている子供たち（大人たち）にも博愛的な精神で、という、観念論というか理想論というか、が出てくる。

しかし、それは「いじめがなくなったあと」の話だ。

いじめが止まれば、ノーサイド。どんな人にも寛容に対応すればよい。

が、いじめが続いているのに、いじめている当該組織、人物を看過しているのは、単にいじめを許容していることと同じである。これをやっているから日本では、大人にも子供にもいじめがなくならないのである。

一般論として、ぼくは（ほとんど）どんな人にも寛容であるべきだと思う。寛容は多様性を尊重させ、差別を解消し、人々により自由な生活をもたらす。

しかし、不寛容に対してだけは不寛容であってよい。いや、不寛容であるべきだ。

不寛容に対する寛容は、多様性を萎縮させ、差別を助長し、人々から自由を奪うからだ。「ヘイト・スピーチもスピーチの一つだ」「差別ではない、区別だ」「いや、差別だって一つの見解だ」という不寛容に対する寛容は、要するに寛容の全否定とほぼ同義なのだ。不寛容に対する寛容は、最悪な形の不寛容なのだ。

よって、差別やいじめと対峙するときは、不寛容に対しては徹底的に不寛容な態度を貫く、が基本である。ヘイトは許さない。差別は一切認めない。いじめも一切認めない。これがいじめ対策の「いろは」の「い」である。

先にも述べたが、よく「差別ではない、区別だ」とか、「そんなに平等を貫くなら、男女のトイレや更衣室も同じにしてよいのか」という意見を述べるものがいる。

実は、諸外国では男女のトイレの区別はなくなりつつある。

英国やニュージーランドでは、男女別々のトイレを削減し、「ユニセックス（男女兼用）」のトイレを増やしている。男女の区別をしてしまうと、トランスジェンダーの人たちが安心して使えるトイレがなくなってしまう、という理由のためだ。

トランスジェンダーとは、身体と心の性が合致していない人たちのことだ。

例えば、外見は男性でも、心が女性だとか、その逆の場合を言う。もし、心が女性の方が、男子トイレを使うことを強いられたらどうだろう。とても不快、不安に思うのではないだろうか。

よって、トイレをいっそユニセックスにすること、（日本にもある）「だれでもトイレ」にすることで、トランスジェンダー問題を解消しよう、というわけだ。

このユニセックス・トイレは全面的に受け入れられているわけではない。特に女性から評判が悪く、「ユニセックス・トイレのためにいじめやセクハラが助長されるのでは」という懸念も聞く（＊6）。

ユニセックス・トイレが社会で受け入れられるか、受け入れられないかは、今後の社会の「観念」や「常識」が決定するのでは、とぼくは予想している。「常識」はわりと大事である。みなが常識的に受け入れられないのに、「トイレ」や「更衣室」の男女分けを制度的に無理やりなくそうとしても、うまくいかないだろう。

とはいえ、昔はトイレに男女の区別なんてなかった。それに、日本ではそもそも昔から入浴時は混浴が当たり前だった（拙著『感染症医が教える性の話』ちくまプリマー新書）。

世の中の「常識」などというものは、コロコロ変わるものである。つまり、今の常識も将来は変わってくる可能性がある。いや、多くのことについて、現在の常識は将来の非常識になる可能性が高い。

太田垣康男の『機動戦士ガンダム　サンダーボルト』（小学館）という漫画がある。いわゆる「ガンダムもの」の一つだ。

その作品は近未来（宇宙世紀）を扱っている戦争ものなのだが、男女の兵士が同じシャワールームでシャワーを浴びているシーンが出てくる。男性も隣の女性が裸でシャワーを浴びていても一向に気にせず、逆もまた然りである。ユニセックスが進んで「男女平等」が確立すれば、異性の裸体などは気にしなくてよい時代となっているのだろう。

男女差別の究極の消滅は、男女のあらゆる「違い」が消失している世界を意味する。

しかし、現実には、男性の前で女性が着替えたり入浴すれば、男性から女性に対するハラスメントが発生する可能性が高い。男性のいる中で女性がトイレを使うのも、現在の世界では困難だろう。

正直、ぼく自身も、自分が裸でいるときに女性が周囲にいるのは気恥ずかしい。銭湯に行くと、男湯では女性スタッフがよく入ってくるが、ちょっと勘弁してほしい、と思う。

でも、ユニセックスという観点から言えば、ぼくの感覚のほうが時代遅れなのかもしれない。

とはいえ、逆に男性スタッフが女湯に入っていくのは、現代社会ではタブーだろう、たぶん。

現在では、差別される側（女性）が差別する側（男性）によってもたらされる苦痛を回避するために、女性専用のトイレや更衣室、シャワールーム、車両などが存在するというわけだ。しかし、世の中からセクハラがなくなり、女性が周りにいても不愉快な振る舞いを男性がしなくなれば、こうした女性専用のなんとか、という存在は、なくなってもよい運命にあるのかもしれない。

「俺たちの常識」が差別を助長する

こういう想定問答や脳内実験は、「ばっかばかしい」と思う人が多いかもしれないが、いろんな可能性を想定して検討してみるのは大切だ。それは「絶対的な間違い」なのか。現代の風習が「間違い」とさせているのか。きちんと検証してみるのである。

どうしてこういう面倒くさい想定問答を繰り返すかというと、「俺たちの常識」でものごとの是非を検討すると、すぐに差別が起きてしまうからだ。

「黒人と一緒のバスに乗るのは不快だ」という理由で、アメリカ合衆国では長く、黒人が白人と同じバスに乗ったり、同じエリアを共有することが許されてこなかった。それが世の中の「常識」だったからだ。

しかし、現在、アメリカでは、あらゆる人種の人たちが同じバスに乗っている。ぼくのような黄色人種も乗っている。「黄色人種と同じバスに乗るのは嫌だ」なんていう白人がいたら、大問題だろう。まあ、そういう考えをこっそり持っている人は、いるのかもしれないけれど。

ほんの数十年の間に、世の「常識」は激変したのである。だから、数十年後の世界の人たちが、「昔、令和の時代には、男と女は脱衣所も浴場も別々に分けられていた」なんて話を聞いたら、「へーっ、性別で差別してたんだ、じっだい遅れー」とびっくりするかもしれない。ぼくらが60年代のアメリカ社会を見て、「肌の色で差別なんて、時代遅れー」と考えるように。

いずれにしても、現在、女性専用の車両や更衣室やトイレやシャワールームがあるのは、それらが「差別される側たる女性を守る意味」で作られているからであり、その逆ではない、ということだ。

問題はトランスジェンダーの人たちだ。

女性以上に差別されている彼・彼女たちは、自分たちが快適にトイレを使ったり、シャワーや入浴を楽しむことが難しい。かといって、彼・彼女たちの快適度を高めるために、女性の身体を持つ心が男性の人物や、その逆といった人物が、それぞれ自分たちの快適なトイレやシャワールームを使えば、周りが困惑する。

よって、「だれでもトイレ」みたいなユニセックスな存在が萌芽したのである。

これが一般化され、普及する可能性は十分にあるとぼくは思う。これまで述べてきた議論が根拠だ。

配慮のフリをした差別、いじめ

差別と区別の違い、などと賢《さか》しらに言う連中は、ほぼ例外なく差別的である。それが「差別される側の利便」にかなっているかどうかが、ポイントなのだが、問題はなかなかややこしい。「差別される側の利便」に配慮したフリをした差別、という一ひねりした差別もよく見るからだ。

２００８年にぼくは、36歳で神戸大学の教授になった。医学部で、臨床医が30代で教授になるのは珍しい。大学では若手は、年配者から差別される。就任当初は、それはそれは、あれやこれやの嫌がらせを受けた。年寄りの若者いじめである。

後年、やはり30代で医学部の教授になった方がいた。非常に優秀な人物だが、赴任当初に、研究をするスペースが十分ではなかったため、オフィスを彼のために配置してはどうかという議論が起きた。

しかし、多くの年配の教授たちが反対した。「お若い先生に、スペース管理の重荷を背負わせるのは気の毒だ」という「配慮」のためであった。「あんたらにできるんだから、彼にできないわけがないじゃないか」とぼくは憤慨したが、提案そのものが潰されては困るのでそのときは黙っていた。

いずれにしても、このような「**配慮のフリをしたいじめ**」は大学あるある、だ。東京医科大学や順天堂大学が女子学生を差別し、彼女たちを医学部に入学させないように不正に入試の配点操作をしたのも、「女性に重圧をかけるのは気の毒だ」とかなんとかいう、**配慮のフリをした差別**だったのを思い出してほしい。

「好ましくない行為」を罰する権利はぼくらにあるのか

さて、吉本興業の話をする。

2019年、反社会的勢力を対象とした「闇営業」を行なったとして、吉本興業に所属する芸人たちが批判された。そのうち、宮迫博之氏は、「ギャラを受け取らなかった」という嘘をついたこともあって、大きなバッシングにあい、吉本興業を解雇された。

メディアは大騒ぎをして、宮迫氏を攻撃した。ソーシャル・メディアなどの「世論」も、宮迫はアウトだと口を極めて攻撃した。テレビ局は、宮迫氏が出演していた番組から、彼をどんどん降板させた。

しかし、考えてみてほしい。

まず、宮迫氏は犯罪者ではない。単に、犯罪者に対する営業行為を行なっただけである。宮迫氏自身が犯罪行為を行なった犯罪者ならば、警察が刑法を根拠に対応するべきだ。また、宮迫氏は反社会的組織に対する犯罪幇助《ほうじょ》すら行なっていない。もし彼がそのような幇助行為を行なっていれば、やはり刑法を根拠に対応するだけだ。

何が言いたいかというと、宮迫氏は犯罪者ではないし、仮に彼が犯罪者であったならば、法が彼を罰するのだ。テレビなどのメディアや、視聴者たる世論が、彼個人を罰する必要はないのでないか。

確かに、宮迫氏のとった行動は、社会人として好ましいものではなかったと思うし、けしからん、とすら思う。

しかし、「好ましからざる行為」を罰する権利が、果たしてぼくらにあるだろうか。なるほど、テレビやソーシャル・メディアで、「けしからん行為」を批判したり、非難するのは、まあありかもしれない。が、物理的に番組から降板させ、「干し」、芸能人生命を絶たせるほどの悪行を、彼がやったというのだろうか。ぼくらには彼の生活を苦境に陥れるような権利はあるのだろうか。

もっともらしい理由があると集団でタコ殴りにする社会

このことは、違法薬物を使用したという根拠で業界から干された歌手や役者たちにも、当てはまる議論だ。最近では、CHAGE and ASKA のＡＳＫＡ氏や、ピエール瀧氏、沢尻エリカ氏らがこれに該当するだろう。過剰なバッシングにより、実際やった行為以上の過剰な罰を受けるのである。

違法薬物を使用してもよい、と主張しているのではないことは、先にも述べた。もちろん、いけないに決まっている。しかし、違法薬物の使用という「個人的な行為」に対して、世間が総出でタコ殴りにし、バッシングするのは理不尽だと言いたいのだ。

ＡＳＫＡが覚せい剤を使い、ピエール瀧がコカインを使用したために、実害を被った人々は、彼らを非難する権利はあろう。しかし、テレビでしたり顔で彼らを糾弾したり、そうしたテレビ番組を見て大いに溜飲を下げて「楽しんだ」視聴者に、そこまでする権利はあるのだろうか。それは、一種の集団いじめではなかろうか。

もっともらしい理由があれば、集団でタコ殴りにしても許される。これこそが、いじめの論理である。

宮迫氏は「嘘をついていた」ではないか、という非難もある。だからいけない、というのだ。なるほど、非難の根拠としては一理あるのかもしれない。

しかし、人間には嘘をつく権利はある。自分や家族を守るために嘘をつく。誰だってやっていることだ。ぼくも、やったことはある。

ぼくの患者たちのなかにも、嘘をつく人はいることがある（ひょんなことからそういうものは露見したりする）。でも、ぼくはそれを非難しない。医者に嘘をついてはいけない、なんてルールはないし（つかないほうがいいけど）、嘘をついた患者を処罰する権利は医者にはない。患者が嘘をついてはいけない、と決めつけるのは、医療者が患者を下に見ているからだ。頭の中で作り上げた隷属関係が、患者にああしろ、こうしろという命令性を作り上げるのだ。

というか、歴史的には、ぼくら医者のほうがずっと、患者に嘘をついてきたではないか。様々な病名を「告知しない」という名目での、嘘である。

雇用者と被雇用者の関係もそうである。もちろん、被雇用者は「業務上の事物」について、正確に雇用者に報告する義務がある。逆に雇用者だって、被雇用者に嘘をついてはいけない。しかし、プライバシーの問題は別だ。被雇用者は、雇用者のプライベートな質問に全部正しく答える必要はない。というか、そういう質問をすること事態が一種のハラスメントだ。パンツの色を教えろ、という下劣な質問と同じようなものだ。

患者は医者に嘘をつく権利がある

北海道の社会福祉法人「北海道社会事業協会」が経営する病院が、ＨＩＶ感染のあるソーシャルワーカーの就労内定を取り消し、そのために訴訟が発生した。

ソーシャルワーカーは30代の男性だったが、その病院に通院していた。病院側はなんと、その人物のカルテを無断で閲覧し、彼がＨＩＶに感染していることをつきとめた。面接で病院はＨＩＶ感染の有無を問い、男性は感染していないと嘘をついた。「嘘をついたから」という理由で、病院は彼の内定を取り消したのだ。

まず、医学的なことを説明しておく。ＨＩＶはエイズという病気の原因ウイルスだ。が、病院で感染することはまずない。治療薬が格段に進歩したためだ。

かつて「死の病」といわれたエイズだが、ＨＩＶ感染者は、現在は優れた治療薬の恩恵を受けて長生きできる。ウイルスが薬で抑えられているので、他人に感染するリスクもない。コンドームを着けずにセックスしても感染しないことが、最近の研究で分かっている。

ソーシャルワーカーは、患者の退院先を調整するなど、病院において非常に重要な機能を果たしている。が、メスなどの刃物を使うわけでもなく、針も用いない。いや、仮に彼がメスや針を用いたって、前述の根拠で、感染リスクはほぼゼロなのだが。ソーシャルワーカーの彼が、病院でＨＩＶ感染させるなんて、まったく論外なデタラメだ。

要するに、内定を取り消した病院は、医学知識が極めて乏しい、医学的に信用できない病院だったのだ。

医学的な無知、誤謬《ごびゅう》に加えて、倫理観の欠如は極めて甚だしい。そもそも、医療情報は非常に重要な個人情報だ。勝手にカルテを閲覧するなんて、言語道断である。

さらに、入職者の病気について質問するのも不適切だ。神戸大学医学部の入試の面接で、「あなたはＨＩＶ感染がありますか」なんて尋ねたら、不適切な質問をしたという理由で、大問題になる。職員のプライバシーに配慮できない病院が、患者のプライバシーを守れるだろうか。

繰り返すが、患者は医師に嘘をつく権利がある。人は人に嘘をつく権利がある。もちろん、本当のことを言ってくれる方が嬉しいのだが、それを強制する権利は、医者にはない。あなたは、絶対に他者に嘘をついていないと断言できますか？　そんな要求を他者にされたら困るのではないか。たとえそれがあなたの雇用者であったとしても。

こんな無知で不道徳な病院が、「嘘をついたから内定を取り消した」わけがない。それこそが大嘘ではなかろうか。自分たちのＨＩＶ感染に対する無知と偏見が、彼を拒絶させたのである。それだけだ。

現在でも、北海道社会事業協会は、「自分たちはＨＩＶ陽性者であることを理由に差別はしていない」と主張している。もしかしたら、本気でそう信じているのかもしれない。まさに、差別者は自分の差別に無自覚なのである（＊7）。

しかし、こんな病院の戯言《ざれごと》を信じてはならない。

結局、裁判の判決が2019年9月16日に出て、男性の訴えは認められ、病院の内定取り消しは不当であると判断され、賠償命令が出た。妥当な判決だ。

医者はときに正義感が強すぎて、行儀の悪い患者は罰せられても構わない、と勘違いすることがある。

間違いだ。患者が罰せられてもいいのは、彼らが医療者に暴力をふるうなど、具体的な被害が出たり、出そうになったときだけだ（こういうことも、ときどきはある）。

患者は医者の召使いではない。医者の言うことを聞かねばならない、行儀よく振る舞わねばならないなどという規則は、どこにもない。

叩ける人を叩く「エンターテインメント」

一般の方についても、芸能人についても同様だ。

宮迫氏が嘘をついたのは、社会人としては適切ではなかったかもしれない。しかし、それとて、彼自身を守るための精一杯の防御行為である。

反社会的組織から直接迷惑を被った人たちが、彼を非難するのは分かる。反社会的組織から暴力行為を受けたとか、オレオレ詐欺にあったとかいう被害者であれば、宮迫氏に対する怒りの感情は理解できなくはない。「俺があんなにひどい目にあった奴らにヨイショしやがって、いいかげんにしろ」と憤る人がいたとしたら、ぼくは納得しないでもない。

しかし、テレビやネットのニュースを見て「楽しんでいる」人々の多くは、反社会的勢力から直接的な被害を受けたことのない人たちであろう。雑誌やテレビなどのメディアは、宮迫氏のおかげで数週間、よい商売すらさせてもらっていたのではないか？　世間も大いに楽しく暇つぶしをしたのではないか？

彼らは単に「ボコボコに叩いても文句を言われない人を、ボコボコに叩く」行為を楽しんでいるだけなのではないか。宮迫叩きは実のところ、「反社会的勢力批判、闇営業批判、というもっともらしい理由で人をタコ殴りにする、一種のエンターテインメント」だったに過ぎないのではないか。

ここにもある種のおためごかしはなかっただろうか。「ＨＩＶ感染を理由に内定取り消したんじゃありませんよ」とうそぶく病院と同じような、偽善・欺瞞《ぎまん》がないだろうか。

芸能界のいじめ体質との訣別にはシステムを変えよ

一連の問題について、宮迫氏は反省すべきなのかもしれない。しかし、ぼくは彼に反省しろ、と言うつもりはないし、そんな権利もない。「社会人として態度が悪かった」というなら、短期間は謹慎くらいはしてもよいが、芸能界はちゃんと、彼を復帰させてあげるべきだ。テレビなどのメディアは、吉本興業なんかに忖度してはならない。

そもそも、裏社会とつるまなければ生きていけないほどに、給与を低く抑え、裏社会での闇営業をやんわりと看過して、常態化させていた吉本興業こそが、システム・フェイラーの最大の「加害者」なのである。メディアはここそ、大いに批判すべきだし、改善させるべきだ。

ていうか、メディア自身も加害者なんだぞ。この点は。

芸人が十全に社会人として生きていく手段を作らずにおいて、システムが失敗している状態で、個人を非難するのは、安全管理上、間違っている。システム改善なしに個人を叩いても、絶対に同じことはまた起きる。

本気で再発防止を望んでいるのなら、行なうべきは、システムの改善だ。個人のモラルに期待し、不祥事が起きてから叩く、というやり方では、不祥事はなくならないし、なくなったためしがない。

人ではなく、システムを改善する。リスク・マネジメントの鉄則である。

ジャニーズや吉本やテレビ業界などが、個々人のタレント、芸人をいいように扱い、虐げ、無理強いし、言うことを聞かないと「干し」、そして叩く。理不尽が理不尽としてまかり通った昭和の時代、「世の中はそんなものだよ」と諦めるしかなかった時代は、とっくに歴史上の過去の時代である。いや、過去の遺物となるべきだ。

令和という改元は、新しい時代を作るよい機会である。やんわりとした奴隷制度はやめにして、システムを改善し、「いじめ」体質とも訣別すべきだ。

我々「庶民」も、自分自身が、メディアを通じて芸人のスキャンダルを楽しんでいた、その加害者であることを自覚すべきだ。個人を組織が、システムが叩く、そういう時代を否定すべきだ。「そうでない社会」を希求すべきだ。

「叩いてもよいのは誰か探しゲーム」は、そろそろやめにしよう

我々は無垢《むく》な庶民という立場を利用して、安全な場外から石を投げつけ、多くの有名人たちを「いじめて」きた。しかし、このような下劣な行為はそろそろやめにすべきだ。

むしろ、その「無垢な庶民」のパワーを、別な方向に活用すべきだろう。

例えば、吉本興業やジャニーズ事務所といった、「いじめ」の加害者に対するバッシングである。なにしろ、ジャニーズも、吉本も、「庶民」という名の客がいなければおしまいなのだ。彼らがこのままいじめ体質を改善しなければ、ぼくらこそが彼らを「干せば」よいのである。

我々は、不寛容にだけは不寛容になってよいのだから。我々こそが、ジャニーズ事務所や吉本興業を「食わせてあげている」のだから。

こういう主張をブログに書いたあと、今度は宮迫氏たちが記者会見を行なった。一連の不祥事のあとで彼らは吉本興業社長と会談を持ち、そのとき、社長から脅しをかけられていたのだという。

吉本の岡本昭彦社長は、会見で釈明したいという宮迫氏らの要望を拒否し、「お前ら、テープ回してないやろな」「一人で会見したらええわ。やってもええけど、ほんなら全員連帯責任でクビにするからな。俺にはお前ら全員クビにする力がある」と凄《すご》んだそうだ。

宮迫氏らの判断は正しい。大きな組織の「いじめ」と戦うために、もっとも有効なのは、情報を活用し、ネットを活用することだ。ネットで「いじめ」「脅し」を暴露することで、無力、微力な個々人も、組織と戦える。それが21世紀だ。

案の定、世間の風向きは大きく変わり、批判の矛先は、今度は吉本興業に向かった。社長の稚拙な記者会見のために、火に油は注がれて、批判はさらに強くなった。

しかし、それまで宮迫氏らをボコボコに批判していたのは、ネットを含めた「世論」である。自分たちの行為を棚に上げて、手のひらを返したように宮迫氏らを擁護し、吉本興業を叩きに回るのも感心しない。彼らは要するに、「叩いてもいいやつ」を探しては、叩いて喜んでいるだけではないか。

一番情けなかったのはテレビ局だ。当初は、吉本興業への「忖度」から、宮迫氏らの悲痛な訴えを看過したり矮小化しようとした。

しかし、「忖度、擁護」の閾値が下がり、「叩いてもいいゴーサイン」が出たら、今度はメディアも吉本興業を切り捨てる決断をする。その決断も、風向きが変わって吉本叩きの機運が収まってくると、今度はまた手のひらを返したように吉本興業に媚を売り、反旗を翻《ひるがえ》した芸人たちを叩く。

こうやって**「叩いてもよいのは誰か探しゲーム」**を延々と続けているのが、メディアである。

いや、他人事《ひとごと》ではない。メディアが騒ぐ最大の理由は、読者や視聴者たる「我々」が喜んでいるからなのだ。いじめに参加しているのは、日本に住んでいる我々自身である。

我々自身が、そういう「叩いてもよいのは誰か探しゲーム」を、そろそろやめにしませんか、とラージ・メディアに訣別を宣言しない限り、彼らは未来永劫同じゲームをやり続ける。

これが、いじめの連鎖、いじめの構造である。

そう、ラージ・メディアには「見解」というものはない。単に世間の流れを観察して、勝てそうな方になびき、怖そうな存在には忖度し、叩けそうな存在を探しては叩きまくるだけなのだ。

安全な場所で、叩けそうなやつを叩く――いじめの加害者の卑怯さ

一般的に、いじめの加害者は卑怯である。叩けない人間は叩かない。叩けそうなやつだけ、叩いても文句を言われなさそうなときだけ、集団で叩く。

自分たちは絶対に責任を取らない。いじめの存在すら認めない。そうやって、安全なところであぐらをかいていて、そして叩ける者を、叩いても許してもらえる者を叩いて喜ぶ。

大人のいじめと子供のいじめは、全く同じ構造をしているのである。そのいじめの構造への加担者は、ジャニーズや吉本の報道を「消費」して喜んでいる、他ならぬ我々自身だ。

学校での子供の間に起きるいじめでも、多くの子供たちの「特にいじめたくもないんだけど、ここでいじめに加担しておかなければあとで何をされるか分からない」という忖度からなりたっている。そして「ここでアイツを叩いても誰も文句を言わない」という「空気」が、いじめをアンストッパブル（制止不能）にするのである。

まさしく大人のいじめとまったく同じ構造ではないか。


よって、教師にとって必要なのは、個々のいじめに介入し、いじめを止めることだけではない。そもそも、「叩いてもいい人間」なんていないと全否定すること。「叩いても良いシチュエーション」はないということを徹底的に教えること。真逆の「空気」を醸造することにある。

もちろん、一教師に「空気を変えろ」などと言うのは無理な話だ。空気は集団が作るものだからだ。

よって、教師の集団、学校全体、教育委員会全体、そして教育行政や教育学の関係者全体が一致団結し、同じ方向を向いてそういう「空気」を作っていく必要がある。

しかしながら、現実は厳しい。むしろ、教育現場、教育委員会、行政や学術界自身が、世間の空気を観察し、ただそれについてまわるだけの「いじめ体質」にどっぷり浸かっているのだから。

ぼく自身のエピソードや相撲界、芸能界の「いじめ」は、氷山の一角に過ぎない。日本中の大人社会で、同じような、いじめを醸造する「空気」が集団的に作られている。日本社会の多くのプレイヤーたちが、いじめに加担しているが、その事実に気づこうともしていない。

3. 願望より、事実を

厚労省のいじめ体質

また医療業界の話で恐縮だが、ここで役所の一例として、厚生労働省の「いじめ体質」を取り上げたい。

厚生労働省の官僚（役人）は、日本の医療現場を良くしようと全力を尽くしている善意の集団だ。しかし、善意の集団であっても、いや、善意の集団であるがゆえに、アンストッパブルの現場いじめは起きるのである。

では、厚生労働省のいじめ体質とは何か。

それは要するに、「苦労すれば、報いてやる」という、上から目線とブラック企業体質にある。
次の文章は、ぼくが２０１６年に厚生労働省に提出した「要望書」である。専門的な内容もあるので読みづらいと思うが、少しお付き合いいただきたい（いや、難しい箇所は読み飛ばしていただいても構わない。あとで、要約するから）。

要望書
厚生労働省保健局医療課　殿
感染防止対策加算について
3月31日に連絡のあった診療報酬に関する疑義解釈資料において、「感染防止対策加算において、感染制御チームによる院内巡回を『構成員全員で行う』こと、そして各病棟を毎週巡回し、病棟以外の全部署を毎月巡回すること」を義務付けている。これは悪策故に、改善を要求する。
構成員全員で巡回することとは、その間、感染対策に関わるその他の業務を一切できないことを意味する。役割分担を行い、構成員がそれぞれ異なる業務を同時に行ったほうがはるかに生産性は高い。構成員全員での巡回は作業効率が悪すぎるのだ。かつて大学病院では教授回診という悪弊があり、多数の医局員・学生がゾロゾロと行列し、その間病院機能の多くが停止した。貴殿らの政策はそれと同じである。

集団が一つの業務を行えば作業効率は落ちる。作業効率が落ちた場合の選択肢は2つしかない。仕事を減らすか、残業するかである。前者であれば感染対策という貴殿らのミッションに支障をきたす。後者を選べば男女共同参画、一億総活躍社会、あるいはワークライフバランスといった政府と貴殿らのミッションにやはり支障をきたす。貴殿らの政策はあらゆる方面から合理性を欠いている。

各部署・病棟ともにプライオリティーの高低があり、頻回に、ときに毎日巡回しなければならない病棟もあれば、そうでない病棟もある。軽症患者と重症患者に同レベルのエネルギーを用いた診療はプアな（貧弱な）診療である。感染対策も同様であり、ＩＣＵと緩和ケア病棟を同じ頻度で巡回するのは間違いだ。業務の重要性に応じた業務量の濃淡を付けさせないと、構成員が頭を使って感染対策を行う戦略性を損なわせ、チームはその知性を劣化させていく。大切なのは毎週の巡回を強要することではなく、どの病棟をいつ、どのような根拠で巡回したかを明示するドキュメンテーションである。

貴殿らは（5）において「最新のエビデンスに基づ」くよう我々に要請している。なぜならば、なぜ貴殿ら自身はエビデンスを無視するのか。構成員全員でゾロゾロ全病棟を巡回すると院内感染や耐性菌が減るのか。そのようなエビデンスが皆無な中で、なぜアウトカムではなく、（ムダな）努力のみを要請するのか。私が勤務していたアメリカの病院では感染対策において構成員全員による巡回などしていなかったし、全病棟を毎週回ったりもしなかった。現在もしていないはずである。そのような徒労を要請する政策をとる国を私は知らない。ご承知のように英米などでは感染対策はアウトカムベースとなっており、院内感染や耐性菌の減少が診療報酬に反映されている。なぜ貴殿らはあいも変わらずアウトカムに影響しないプロセス＝徒労のみを要請するのか。付言するならば、抗菌薬届出制・許可制も明確なエビデンスはない。神戸大学のような「BigGun」＝広域抗菌薬使用のモニタリングと事後的な適正化介入などを行っている施設においては、かような制度は現場にとって迷惑なだけである。

我々は長年、日本の感染症診療の質が向上し、抗菌薬使用の質が向上し、患者のアウトカムが向上し、病院で患者が感染症に苦しむことがないよう奮闘してきた。しかし、奮闘そのものは目的ではなく、奮闘のもたらすものが目的である。よって、我々の奮闘が医療のアウトカムに直結するよう、サポートするのが貴殿らのミッションではないのか。我々はアウトカムをもたらすための努力は惜しまないが、徒労を強いられるのは御免被りたい。

貴殿らの意図は理解している。感染対策を形式的にしか行わず、感染防止対策加算を掠《かす》め取っているだけの悪劣な医療機関に、形式以上の実績を要請したいのだろう。それは構わない。しかし、一部の悪劣な医療機関を懲らしめるために、真摯に感染症と対峙する医療者、医療機関の足を引っ張る結果をもたらすのはおかしい。上記のように、巡回の日時と場所、参加者、内容が十分にドキュメンテーションできていれば、悪劣な医療機関を検出するのは難しくない。これならば質と効率をスポイルすることなく、悪劣な医療機関の不当な加算要求を牽制できよう。

全ての医療機関に要請できる、すなわち「一般化可能」な感染対策は、貴殿らがいみじくも口にする「エビデンス」の明確なものでなければならない。有効なのか無効なのかも判然としない、あるいは無効なことが分かりきっている対策を全医療機関に強要するのは全体のパフォーマンスという観点から好ましくない。たとえそれが一部の悪劣な医療機関への正当な牽制になったとしても、失う不利益とのバランスが悪すぎる。

貴殿らに再考を促す根拠は以上である。

平成28年4月9日

岩田健太郎

面倒くさい文章で申し訳ない。ざっくり言えば、

1．病院の感染対策は大事。

2．感染対策は医者とか看護師とか薬剤師とか検査技師（検査する人）とか、いろんな人がやっている。

3．厚生労働省は、「いろんな職種の人がいっしょに病院の全ての場所を定期的に巡回しろ。じゃないと、お金をあげないぞ」と病院を脅した。

4．いろんな職種の人が「いっしょに」まわると仕事ができなくなる。ボールが飛んでいく方向に11人全員が走っていく「幼稚園児のサッカー」みたいなもので、非効率極まりない。

5．厚生労働省のような監督官庁が現場に「非効率で無意味な労働」を強いるのは、「いじめ」に等しい。むしろ、少ない努力でたくさんの結果を残すような仕事を褒《ほ》めるべきだ。「頑張れ」ではなく「頑張りすぎるな」というメッセージを出すべきだ。

という意見をぼくは述べたのである。

お役所にペコペコしないと「いじめ」にあう

この要望書は、自分のブログにもそのまま転載した。関係者は皆、驚いた。なぜなら、「おかみ」である厚生労働省に楯突《たてつ》くことそのものが、そもそも医療界ではタブーだと考えられているからだ。

厚生労働省は、医療機関に対して絶大な権力を持つ。病院監査などで問題を見つけ出し、あれやこれやの罰則を与えることもできる。だから、「厚労省の言うことは黒いものも白だと言って、全部言うことを聞き、頭をペコペコ下げていなさい」と監査の前に指導される。

しかし、ぼくは知っていた。本来、監督官庁と病院とは、そういう不健全な関係であってはならないはずだ、と。

病院が役人にペコペコして、なんでも言うことを聞きますよ、と奴隷根性でいたら、どうしたって役人の方もふんぞり返ってくる。「俺様の言うことを聞け。聞かなければひどい目にあうぞ」となる。

まさにこれまで紹介してきたような「いじめ」の構造そのままだ。

これは厚生労働省と病院だけの問題ではない。保健所とレストラン。金融庁と銀行。文部科学省と各種教育機関（ぼくが所属する大学もその一つだ）。とにかく、偉い役所、役人にペコペコしないと、「いじめ」にあう。これが日本の「常識」であった。

しかし、ぼくが感染対策のために視察したオランダはそうではなかった。このことは拙著『オランダには何故ＭＲＳＡがいないのか？　差異と同一性を巡る旅』（中外医学社）という本で書いた。

つまり、オランダでは行政の感染対策担当者は病院を視察はするし、現状把握もするが、それを「懲罰の根拠」としないのだ。

日本の役人が２〜３年間隔で担当部署がコロコロ変わるのとは異なり、オランダの場合、感染担当の役人は、この道数十年のベテランである。この業界のことを深く知悉《ちしつ》・理解している。現場の人間からも一目置かれているプロ中のプロである。

日本の官僚は「専門家」と称してはいるが、その実、その業界についてはド素人で、異動の際に業界の情報を詰め込んで、（優秀なので）にわかに「専門家」になる。そして、上から目線で管理、監督するのだ。

彼らは確かに頭がいいが、経験値が絶対的に足りないから、どうしても実質よりも形式のほうがチェックの対象となる。出来上がったマニュアル通りに病院ができているかどうか、が議論のポイントであり、病院の質がよいかどうか、の本質的な理解はそこにはない。

もっとざっくり言えば、「俺たちの言うとおりにやってるか」だけがチェックの対象である。

オランダの担当者は、病院の敵ではない。監査は行なう。病院の問題点も見つけ出し、指摘する。しかし、それはあくまでも改善のためのアドバイスだ。いわば、「外部コンサルタント」的な立場である。決して、弱い立場の病院のあら探しをして、重箱の隅をつついて「いじめ」たりはしない。

オランダでは行政は、現場のパートナーなのだ。同じ方向を向いている。

対して、日本の行政は、医療機関の「敵」である。少なくとも味方ではない。お互いが対峙する関係だ。

事実の認識と共有を大切にするオランダ

ときに、オランダと日本のいじめに関する比較研究がある（森田洋司監修『いじめの国際比較研究』金子書房）。

これによると、いじめを知られたくない人について、日本では「親」が多くて48％、対してオランダでは10％であった。

逆に、「誰に知られてもよい」が、オランダでは53％と半数以上なのに対して、日本では24・8％だった。

日本の子供は、いじめの事実を他人に知られたくない、特に親には知られたくないと考える。古典的な「恥の文化」のためか、あるいは「他者への配慮」のためか。

しかし、プラグマティック（実利的）なオランダでは、問題解決こそが重要だと考えるようである。問題解決のためには、問題認識と問題共有が、プレイヤー間でなされねばならない。「知られない問題」は「存在しない問題」なのだ。

だから、まずは事実を確認し、それを共有する、共有してもらうことが重要となる。

日本の情緒的な「配慮」は、いじめがいざ起きてしまうとカウンタープロダクティブ（逆効果）で、対応の邪魔をする。他者への配慮の気持ちは大事だが、それとは別に、ちゃんと事実を伝える、伝えられる文化づくりが重要だ。

病院の例をあげると、ときには、病院の問題は病院の外部にある。例えば、必要な設備が資金不足のために入手できなかったり、人材が足りないことが対策を遅らせたりする。

その場合、オランダであれば、行政担当者が中央に問題を持って上がり、必要な予算や人材を工面できないか交渉してくれる。病院にとって、行政は自分たちの診療の質を高めるための貴重な専門家であり、支援者ですらあるのだ。

日本の役人が上から目線で病院を「監督」し、ことあるごとに権力をちらつかせて隷属的な関係を醸《かも》し出し、歯向かうものは処罰して「いじめる」のとは、まったく関係性が異なる。日本では、責任を取るのは常に「現場」であり、監督する役人たちは、なんの責任も取りはしないのだ。

要するに、両者は見ている方向が全く違うのだ。オランダの役人は現場の医療者と同じ方向を向いている。医療の質の改善だ。しかし日本では、役人は上から下を見て、監督、監視、ときに処罰するだけだ。下々の現場のものは、上を見上げて忖度し、へいこらする。

官僚たちも悩んでいる——省庁もいじめ体質

もちろん、日本の官僚も、悪意の人間ばかりとは限らない。近年は霞が関での仕事が以前ほどの人気がなくなり、接待も賄賂《わいろ》も天下りも厳しく監視、監督されて、役人もふんぞり返っていられなくなった。いや、若手の官僚の多くは、おそらく「ふんぞり返っている」役人はカッコ悪いと思っている。

10年くらい前は、厚労省の役人の電話応対や、面会時の態度は非常に悪かった。しかし最近では、彼らの態度は丁寧だし、腰は低い。真摯《しんし》に医療のために頑張っているな、という好印象を受ける。まあ、こっちが年をとってそこそこ顔も知られたことで、相対的にはふんぞり返りにくくなっているのかもしれないけれど。

そもそも、官僚たちだって悩んでいる。政治家にこき使われ、過剰な労働を強いられる。ここでも「いじめ」体質があるのだ。２０１９年8月、若手官僚たちは改革チームを作り、この隷属的な職場環境を改善するよう提言した。極めて異例のことだ（＊8）。

ぼくは昔から、何かのミッションに取り組むときに、どっちが偉いとか、偉くないとかは関係ないと思っている。年齢が高いとか低いとかも関係ないし、役職も関係ない。医療を良くしようと思ったら、現場も大事だし、行政も大事だ。お互いがアイデアを出し合い、それぞれ得意な領域で頑張って、同じ方向を向いてみんなで良くなっていけばそれでいいと思っている。

だから、ぼくは一般に「偉い」「文句が言えない」と言われている厚労省相手でも、ズケズケ文句を言う。もちろん、文句を言うだけでなく、良いところは褒める。

しかし、忖度はしない。医療を良くするのに、上から目線も、下から忖度も関係ないからだ。

大学内でも、相手が教授だろうが、学長だろうが、年上だろうが、関係ない。良いと思うことは良いと言うし、間違っていると思うことは間違っている、と言う。

まあ、こんな態度でいるから、学会で書籍販売禁止になったのかもしれないけどね（笑）。

世界を知り、非常識を非常識と言う

でも、前述の要望書を提出したあと、厚労省は態度を軟化させた。必ずしもみんなで揃って病院を巡回しなくて良い、と見解を訂正してきたのだ。

一般に、日本の役人の悪いところは、間違いを認めて、訂正しないところだ。間違いは存在しない、と言わんばかりに、自分たちの無謬性《むびゅうせい》を主張しがちだ。今回のように自らの誤りを認めて直すというのは、極めて稀なことだと思う。

もちろん、これはぼくの要望書「だけ」のおかげとは思っていない。同じような苦情を述べた人たちはいたのだろう。

厚労省は「でかい声」に弱い。多くの人が声を上げれば、態度を軟化させる。彼らはそもそも悪意の人たちではなく、国のために一所懸命やっている（つもり）なのだから。

いずれにしても「あの人にいちいち楯突くと、あとが怖い」みたいな奴隷根性は、いじめを助長させるだけだ。日本でそうなっているからといって、それを普遍的な「真理」などと考える必要はない。

間違っていれば、文句を言う。その態度を貫き通せば、いじめはなくなる。

感染対策の「病院の巡回」なんて、医療全体から見たら些細《ささい》な問題だ。しかし、このような細かい、小さいところから、コツコツといじめの芽を摘んでいくことが大事である。

そういう意味でも、**海外ではどうなっているかを学ぶことは大切だ。**オランダの実態を理解していたから、「日本がおかしい」と看破できたのだ。日本の実態が実態の全てだと勘違いしていると、「厚労省はこうなっている」という「仕組み」を暗記するだけで、いつまでも隷属状態に変化は起きない。

日本のことしか知らないと、理不尽ないじめ行為も、「そういうもの」と泣き寝入りになりがちだ。

「そういうもの」じゃないだろ、と、非常識が非常識であることを看破すること。そのためには井の中の蛙《かわず》に陥らず、その世界をちゃんと知ることが大事なのである。

子供のときのいじめ体験は、大人になっても大きなインパクトを持つ

いじめはやめたほうが良い。そんなことは多くの人には耳タコだろう。

でも、やめられない。ムカつく。うざい。そして、みんながやっている。自分もいじめに参加しないと、今度はこちらがいじめられる。

いろんな理由があるだろう。

だから、ここでぼくはきれいごとを言うつもりはない。

なるほど、主観的にも、個人的にも、いろいろいじめを正当化する理由を作ることはでき

る。どんなえげつない行為でも、なんだかんだで正当化はできるのだ。

差別、虐待、戦争、虐殺。なんだって、そうだ。

だから、ここでぼくが言いたいのは、「いじめはよくないから、やめとけ」ではない。「いじめをすると、将来、損するよ」という警句である。


アメリカの研究によると、子供のとき、いじめに関与していない（いじめられていない、いじめていない）場合には、より健康で、より裕福で、社会的にもうまくいき、そして危険行為や犯罪行為に手を染めにくい。

対して、いじめられた子供は、健康を害しやすく、社会的にも経済的にも成功しにくい傾向にある。

つまり、いじめられるのは、明らかに損だ。


しかし、話はこれだけで終わらない。**なんと、「いじめる側」も大人になったら、損をするのだ。**

いじめていた子供は、大人になると、危険行為、犯罪行為に手を染めやすい。経済面や進学面でも、結婚などの社会生活でも、成功しにくい。いじめられる側よりも成功しにくい。

つまり、いじめていた子供は、大人になったとき、いじめられていた子供よりも損をする可能性が高いのだ。


さらに、話は続く。

多くのいじめられっ子は、いじめの加害者にもなる。加害者にならなければ、いじめの被害者に転じやすいからだ。いじめられているよりも、いじめているほうがスカッとするせいかもしれない。

しかし、「いじめられ、かつ、いじめた」という両方の経験を持つもの（＝ブリー・ビクティム〔bully-victim〕と言う）は、もっとも健康を害しやすい。

また、「いじめっ子」だけだった者よりはましだが、危険行為、犯罪行為に手を出しやすい。さらに、金銭面でも社会面でも一番失敗しやすいのが、この「いじめられ、かつ、いじめた」者である（＊9）。

つまり、だ。子供のときにいじめっ子だと、大人になって失敗しやすい。危険行為や犯罪行為に手を出しやすい。人生にも失敗しやすい。

教育評論家の武田さち子氏も、同様の指摘を行なっている。いじめる子は生涯、いじめを続ける傾向があったり、法律を犯したり、対人関係で失敗しやすい（『子どもとまなぶ　いじめ・暴力克服プログラム』合同出版）。

「いじめっ子は人生に失敗しやすい」というデータ

とはいえ、この研究データからは、これが「因果関係」なのか、単なる相関関係なのかは分からない。

つまり、いじめっ子はそもそもいじめに手を出しやすく、大人になっても人生のあれこれに失敗しやすいのかもしれない。これが相関関係だ。

が、「いじめっ子」がいじめに手を出さなければ、大人になっても危険行為や犯罪行為に手を出しにくく、人生もより成功しやすいのかもしれない。この場合は子供時代の「いじめ」は大人の人生における「原因」となり、そこには因果関係がある。

相関関係とか、因果関係とか言われて、なんのことだかよく分からない人もいるだろう。気にすることはない。実は、この場合は、どっちでもいいのだ。

しばしば学問の世界では、「相関関係」なのか「因果関係」なのかが激しい議論になるが、ぼくは「いじめ」を学問として扱わない。むしろ、「ゲーム理論」として扱う。

つまり、「いじめ」と大人になってからの諸々の問題が、単に相関関係であったとしても、子供のときにいじめはやめておいたほうがいい。因果関係であれば、もっとやめておいたほうがよい。被害者にとってというよりも、加害者にとって、そうなのだ。

ゲーム理論とは、よく分からない複数の仮説が目の前にあり、どちらの仮説が正しくても最適解を探し出すゲームのことだ。そしてこの場合、いじめ行為が将来の犯罪行為などの「原因」なのか（因果関係）、単に両者が一緒に増えているのか（相関関係）の2つが、存在する仮説である。

しかし、どちらの仮説が正しくても、関係ない。相関関係でも因果関係でも、「子供のときにいじめに手を出さない」が最適解だ。子供のときにいじめっ子でいたら、将来、損をする可能性が高い。だから、やめとけ、なのである。シンプルである。

いじめる行為だけは、やめておけ

さて、この研究でもっと注目したいのは、「いじめられ、かつ、いじめた」子供たちだ。健康面でも、金銭面でも、社会的にも、この子たちが大人になったときに一番失敗しやすい。

単にいじめる側にいた場合よりも、失敗しやすい。単にいじめられた場合よりも、はるかに悪い。

ここでも、「相関関係」か「因果関係」かは分からない。いじめ、いじめられるような子供たちが、もともと大人になってもそういう失敗に陥りやすい人なのかもしれない。いじめ、いじめられるような行為が、大人になってからの失敗の「原因」なのかもしれない。

ここでも、「相関」「因果」の議論はぼく的にはどうでもよい。**要するに、いじめ、いじめられるような行為は回避したほうが良い。**

いじめられることを回避するのは難しい。好んでいじめられる人はいないからだ。いじめる行為を回避するのも、ときには難しい。周りの同調圧力から、ついつい加害者サイドに立ってしまうことはよくあることだ。

しかし、いじめられるのを回避するよりも、いじめる側になるのを回避するほうがずっとずっと簡単である。

よって、いじめられっ子は、その恨みを転嫁すべく、他の子供をいじめたりはしちゃだめだ。自分のために、そんなことはしないほうがいい。

そんなエネルギーがあったら、もっとマシなことのために使うべきだ。いじめる行為というエネルギーも、いじめている間の時間も、人生の無駄遣いと知るべきだ。

そのムダで無意味なエネルギーと時間が、君たちの大人になってからの幸せに、暗い影を投げかけるかもしれないからだ。

悪いことは言わない。いじめは、やめとけ。

いじめを定義しても意味がない

法律用語として、教育用語として、あるいは心理学の用語として、「いじめ」は様々に定義されている。

しかし、実際的にはいじめを定義する必要はないとぼくは考える。

なぜかというと、「これがいじめの定義」というものを明文化してしまえば、それに微妙に当たらない「一歩手前」の状況を作り出し、「これはいじめには該当しない」と言い抜ける根拠を与えてしまうからである。

これまでにも、いじめは定義されては、「それに該当しない」新たな「いじめ」が発生し、自殺者が出て、そしていじめの再定義が行なわれてきた。

こんなバカバカしい堂々巡りに付き合う必要はない。定義などは、学者あたりに任せておけば良い。学術論文を書くときにだけ活用すれば良い。いじめの「定義」など、現場には必要ない。

では、何が必要なのか。

実際に大事なのは「事実」だけだ。それがいじめに該当するかどうかはどうでもよい。その行為=事実が許容できるか、できないかを関係諸氏が判定すればそれでよい。

それはそうと、「いじめ」と「けんか」の違いについてだけははっきりさせておきたい。しばしばいじめの現場で、「これはただのけんかですよ。大人が出ていくものじゃない」というエクスキューズが生じるからだ。

ぼくの意見はこうだ。双方が望んで行なうのが「けんか」。一方のみが望み、相手は望まないのは「いじめ」である。

例えば、スポーツクラブで厳しいシゴキがあるとする。どこまでがシゴキで、どこからがパワハラか。法律上の議論はさておき、ここは難しい問題だ。

これも、シゴかれる側が「俺がそのシゴキを望んでいる」状況であれば、パワハラにあたらない、と考えればスッキリする。厳しく鍛えて、自分を伸ばしてほしい。厳しいコーチを全面的に受け入れている状況下でのシゴキは、パワハラにあたらない。

しかし、「そんなことまでされては困る、嫌だ」という状況下で行なわれる厳しい言葉、厳しいトレーニングなどは、パワハラにあたる。

セクハラも、この原則で考えれば分かりやすい。

性的な言動や行動は、当事者が双方で望んでいる場合には、艶《つや》っぽい猥談《わいだん》となり、性的な活動となる。望んでなされるボディタッチは、単なる愛撫である。セックスそのものはセクハラではない。当然だ。

一方、相手が望まない性的な言動、下ネタ、猥談は、セクハラだ。相手が望まないボディタッチは痴漢《ちかん》行為で、望まないセックスはレイプである。

たとえ相手が強くても、負けると分かっていても、望んで果敢に挑むけんかはけんかである。次は勝とうと奮戦している子供に、「それはいじめだからやめなさい」と止めるのはおかしい（ただし、怪我をしないように配慮するのはよい）。

しかし、戦意のない相手を一方的に言葉で、あるいは腕力で攻撃するのはいじめだ。

セクハラ問題では、中高年の管理職が「何をもってセクハラとするか、定義が分からない。現場が萎縮してしまう」などと苦言を述べる人が多いが、上記の原則であればスッキリするだろう。あなたが行なう全ての猥談やボディタッチは、セクハラなのかもしれない。たとえ、別の人物が同じことをして、許されたとしても、それは「そういうこと」なのだ。パワハラ、いじめも同様だ。

「ストックホルム症候群」の可能性も視野に入れる

もっとも、ここは若干ややこしくて、ある特定の人物のみを「キモイ」「さわるな」「存在がセクハラ」などと攻撃するのは、これまた「相手が望んでいない攻撃行為」ということで「いじめ」になる。よくある。女性の側も、自分が中高年男性をいじめる立場になっていないか、慎重に判断する必要がある。

それと、「ストックホルム症候群」といって、誘拐犯にさらわれた人物が、犯人に対して恋愛感情などを持ってしまうことがある。これは、誘拐犯に殺されたりしないための、被害者の生存戦略なのだそうだ。

似たような現象はよく観察する。

病院でもよくあるのが、ボス的体育会系の部長に、部下が非常に理不尽な診療を強いられているのだが、「やっぱり医療はこうあるべき」「○○先生（部長）は本当に患者さんのことを考えている」とメロメロになってしまうケースだ。ＤＶの被害者も、こういう心理状態に陥ることは多いようだ。「殴ってしまうほど、私を愛している」「この人は私がいないとだめな人。他の人は、彼の真意を理解していない」というわけだ。

スポーツにおける「シゴキ」が「パワハラ」の域にまで達していないかの判断は、この「ストックホルム症候群」の可能性を考えると、線引きが非常に難しいところがあると思う。

おそらく、基準として分かりやすいのは、「チーム全体――コーチなどスタッフを含む――まで納得したコーチングなのか」であろう。エースやレギュラーとして取り立てている選手たちが「あの人のシゴキは素晴らしい」と絶賛していても、他の選手たちが「ついていけない」となっていれば、それはパワハラになっている可能性がある。もっとも、これもレギュラーになれなかった逆恨みの可能性も残るから、線引きは本当に難しい。

要するに、スポーツのシゴキ問題は難しい、という煮え切らない結論なのだけど、議論を行なう判断基準はこういうところに置けるのではなかろうか。

事実が大事。意図は関係ない

「願望」よりも「事実」――本書ではこのことを繰り返し繰り返し述べている。

いじめっ子が必ず言うのが「いじめのつもりはなかった。遊びのつもりだった」である。

教員も、「いじめだとは思わなかった。ただふざけているだけだと思った」と言う。

ぼくは、加害者や観察者の「意図」や「解釈」は関係ないのだ、と言いたい。大切なのは事実だけだ。

後述する、教育ジャーナリストで元内閣教育再生会議委員の品川裕香氏の著作（『いじめない力、いじめられない力』岩崎書店）では、2010年に起きた天皇ご夫妻のお嬢様、愛子様のいじめ問題を紹介している。愛子様は児童から乱暴されて、学校を休んだ、という。

そのときの学習院の回答はひどかった。「暴力行為やいじめはなかった」と答えたのである。さらに「愛子さまが（中略）……これは東宮サイドで是正してもらわなければ……。わんぱく坊主を見て怖がっちゃうような環境で育てられているわけですから、それは学校が直すというよりも、ご家庭で直していただかないといけない」。こう波多野敬雄《よしお》院長（当時）は答えたのである。

実際には、愛子様は下駄箱で首を絞められたり、髪の毛を引っ張られていた。これが「事実」である。その事実と向き合うことなく、学校はこれをわんぱく坊主のふざけと「解釈」した。もっと言えば、ふざけであろうと「願望」したのだ。

首を絞めたり、髪を引っ張るのは明らかな暴力である。坊主たちの意図や教員の解釈・願望は関係ない。家庭の教育や愛子様自身の解釈すら、関係ない。

暴力は許されない、暴力は起きた。それだけで十分なのだ。こんな単純な事実確認すらできなかったわけである。いかに学校の校長の認識が「事実」よりも「願望」からできているかが分かる。

品川氏はこのエピソードを受けて、「自分が受けた行為の意味や感情を言語化しないといけない、「自分の気持ちをコトバにできる力」を養え、と言う。

が、これも実は見当違いだ。

「意味」なんてどうでもいい。ぼくはそう思う。意味を解釈し、意図を解釈しないと、いじめに対峙できない、ということは「いじめられないためには特定の能力が必要だ」という意味を内包する。それがそもそもいけないのだ。

どういう能力の持ち主でも、あるいはどのような能力が欠如していようとも、それがいじめを正当化する根拠になってはならない。品川氏はそう言うべきだったのである。解釈するのは第三者たる専門家がやればいい。

当事者にその責務を追わせようとするから、事態が闇に葬られてしまうのだ。教育再生会議のメンバーといっても、そう当てになるものではないのだ。

宗教はいじめを救わない

いじめを回避するには宗教教育が大事だ、という意見もある（例：栗岡まゆみ『いじめゼロを目指して』文芸社）。

しかし、ぼくはそれには賛成しない。なぜなら、宗教教育をしている国々でもいじめは存在するし、宗教そのものがいじめ体質、ということもよくあるからだ。

一例をあげると、キリスト教がそうである。読者の中にはクリスチャンの方もいるだろうから、怒られるかもしれないけれど、以下に書くことは本当のことだから仕方がない。

もともと一神教であるユダヤ教やキリスト教は、排他的で不寛容な宗教だ。

ユダヤ教はどちらかというと、他者を迫害するというより、迫害されるという立場にいることがずっと多かったし、今もユダヤ人差別は続いている。しかし、イスラエルにおける中東諸国のイスラム教徒への対応などを見ていると、やはり他者には不寛容な宗教だとぼくは思う。

キリスト教にも迫害された歴史はあった。例えば、黎明期のクリスチャンたちは、古代ローマ帝国で迫害にあっている。しかし、コンスタンティヌス一世のもとでキリスト教がローマ帝国で公認され、テオドシウス一世がこれを国教に定めて以来、キリスト教は迫害される宗教というよりも、迫害する立場に転じた。

ローマ帝国では、古来からのギリシャやローマの神々の礼拝は禁じられ、多様性を尊重していたローマ帝国の国風にも大きな影響を与えたという（塩野七生『ローマ人の物語』新潮文庫）。

日本においてもそれは例外ではない。

戦国時代に日本にポルトガルの宣教師がやってきて、キリスト教を広めたのは有名な話だ。小西行長や大友宗麟《そうりん》など、クリスチャンになった大名もいた（いわゆるキリシタン大名）。

ヨーロッパではドイツのルターたちが宗教改革を起こしてプロテスタントが勃興《ぼっこう》し、対抗するカトリックのスペイン・ポルトガルは海外諸国を植民地化、カトリック布教を行なうことでプロテスタントに対抗しようとした。

スペインとポルトガルの利害が噛み合うために、両者は相互の不干渉を約束、アメリカ大陸はスペインが、アフリカとアジアをポルトガルの勢力圏とする（トルデシリャス条約）。スペインのコンキスタドール（征服者）たちは、アステカ王国（現メキシコ）やインカ帝国（現ペルー）などを侵略していく。大虐殺が行なわれ、生存者の多くは奴隷として売られていった。

キリシタン大名による日本人奴隷の売買

ところが、日本ではそのようなことは起きなかった。豊臣秀吉が伴天連《ばてれん》追放令を発し、徳川家康の時代になってキリスト教布教は禁止され、家光の時代に日本が鎖国に入ったからだ。当時、日本では厳しいキリシタンの弾圧が行なわれた。自身、クリスチャンだった遠藤周作の小説『沈黙』（新潮文庫）や、天草四郎で知られる島原の乱の記録などが、当時のキリシタン弾圧を描写している。

正当な布教活動をしていた善意のキリシタン。それを非道にも弾圧した、悪の徳川幕府。これが最近までのぼくの歴史認識だった。

ところが、どうも話はそう単純ではなかったようだ。

聖地エルサレムをイスラム教諸国から奪還すべく行なわれた、カトリック諸国の十字軍遠征（11世紀から13世紀）以降、キリスト教徒とイスラム教徒の戦闘があちこちで起きた。捕虜の奴隷化が起き、奴隷は商品として売買に用いられた。ポルトガル商人たちも奴隷売買を行ない、奴隷はアメリカ大陸に輸出されて、大農園で酷使された。

この奴隷貿易システムに参画していたのが、日本のキリシタン大名たちである。日本人奴隷をポルトガル商人に売却していたのだ。

カトリックは、非キリスト教者である異教徒の奴隷化を公認しており、奴隷貿易も事実上黙認、看過された。例えば、肥前（佐賀県）の大村純忠《すみただ》は、キリスト教信仰のために領内の神社仏閣を破壊し、領民6万人を強制的にカトリックに改宗させ、これを拒む者を奴隷としてポルトガル人に売り払っている。

このようなキリシタン大名による日本人奴隷の輸出という事実は、日本史の教科書にはほとんど載せられていない。ぼくもつい最近まで知らなかった。

日本でのキリシタン研究が、ラテン語の文献を読めるカトリック系の研究者によって行なわれてきたため、彼らの「史観」に基づき、カトリックに都合の悪い事実は無視されたか、矮小化されたからだと茂木誠は指摘する（『世界史とつなげて学べ　超日本史』ＫＡＤＯＫＡＷＡ）。

ありそうな話だと思う。「願望」が「事実」を凌駕《りょうが》してしまう一例だ。

宗教はしばしば、不寛容の源泉となる

遠藤周作は小説『沈黙』で、島原の乱以降のキリシタンたちの苦悩を描く。ポルトガルの

イエズス会の教父が、豊臣秀吉や徳川将軍たちの理不尽な命令で、拷問や虐殺をされた、と書くのみだ。マーティン・スコセッシは２０１６年に、この小説を映画化した。小説や映画だけだと、あわれなキリスト教徒を弾圧した非情な日本人たち、というイメージだけが我々に残る。

しかし、史実はそう単純ではない。

豊臣秀吉は、九州遠征のころに、キリシタン大名とポルトガル人による日本人奴隷の輸出と、神社仏閣破壊の事実を知る。このあと、「伴天連追放令」が出されるのだ。秀吉はキリスト教そのものを禁止したのではない。入信は個人の自由とすべきで、キリシタン大名が領民に改宗を強制させてはならないとしたのだ。

こう聞くと、野蛮に思われた秀吉の伴天連追放令も、しごくまっとうな見解に思えてくる。

伴天連追放令を受けて、イエズス会日本準管区長コエリョは、フィリピンを占領していたスペイン軍に日本派兵を求めることにした。これが実現しなかったのは、スペインの「無敵艦隊」がイングランド海軍に敗れ、日本攻撃どころではなくなったからだ。

三代将軍、徳川家光の時代になって、日本は「鎖国」する。この時代に、多くのキリシタン弾圧が起きる。しかし、これはスペイン・ポルトガルによる布教、征服活動への対抗手段の一環として行なわれたのだ。

スペイン人、そしてカトリック教徒による非情な虐殺は、歴史上よく知られている。スペイン人がアメリカ大陸に上陸し、占領し、そして現地の人たちにカトリックへの改宗を強制した。断るものは殺されるか、奴隷にされて売り飛ばされたのである。

このことを、当時の日本が行なったキリシタン弾圧を正当化したくて紹介したわけではない。どんな理由であれ、あるいは歴史的な背景があるにしても、個々人を虐殺したり、弾圧したり、拷問したりするのは正しいとは思えない。

ここで言いたかったのは、「宗教」というものが、ときに、いや、しばしば、非常に不寛容の源泉になってしまうということだ。よって、宗教的精神とか宗教教育みたいなものが、不寛容克服の根拠となるというのはナイーブな見解に過ぎず、しばしば間違っているということを指摘したかったのである。

事実、現在も、宗教を根拠に行なわれるテロ行為は絶えることがない。

宗教教育がいじめをなくすという「願望」は事実に反するのだ。

自殺する権利はある。問題は自殺の原因だ

寺山修司は「すばらしい自殺」があるとして、『青少年のための自殺学入門』(河出文庫)という本を書いた。「すばらしい自殺」をした先人の紹介をし、自殺の具体的な方法を分析する。自殺を肯定的に論じている。

それが彼独特の諧謔《かいぎゃく》なのか、本音なのかはぼくにも分からない。

ただ、日本文化が、「切腹」に代表されるように、昔から自殺に肯定的だったのは事実だ。文学者や軍人など、多くの著名人が自殺しているし、それを非難する人は少ない。

他方、キリスト教社会においては、自殺は禁止されている。黒人奴隷が制度化されていた時代のアメリカでは、そのために、奴隷は自殺「できなかった」。日本でも、キリシタンであった細川ガラシャ(戦国大名、細川忠興《ただおき》の妻)は石田三成に攻められたとき、自殺「できなかった」ので、家臣に自分を殺させたという。

しかし、ショーペンハウエルによると、『旧約聖書』にも『新約聖書』にも、自殺を禁じる文章はない。本質的にユダヤ教やキリスト教が自殺をタブーとする根拠はなかったのだ(『自殺について 他四篇』岩波文庫)。

聖書にはなかった自殺禁止の教え。ところが、キリスト教では、現世での苦悩を自殺によ

って逃れる、という選択肢を好まなかった。よって、人生の困難を回避する自殺は良くないと教えるようになったのだ。

ちなみにショーペンハウエルは、同著で、キリスト教社会がセックスを認めるのは出生を目的とする場合のみであり、それがない男色（男性の同性愛）は処罰の対象とした、と指摘している。実際、カトリックでは同性愛は禁じられてきたのであった。

キリスト教のような宗教が、例えば同性愛差別を再生産してきた事実から、ぼくらは目を背けてはならない。

とにかく、多くの社会や宗教は、自殺をタブー視する。しかし実は、自殺がよくない、とする論理的、宗教的根拠は薄弱だ。その点、ぼくもショーペンハウエルと同意見である。

そのことは、自殺が正しい、とか自殺すべきだ、という主張では決してない。

自殺そのものが問題なのではない。**自殺以外の選択肢がないようなところまで人間を追い込むこと、そのことが悪なのである。**アメリカの奴隷制度で、自殺のみを禁じて、劣悪な差別行為は看過、継続していたのは、実に残酷なことであった。

自殺に追い込む「いじめ」こそが対策のターゲット

安楽死や尊厳死という概念は、安楽や尊厳を望んだ結果である。その手段としての「死」なのである。決して、死そのものが目的なのではない。

安楽死や尊厳死の是非についてはいろいろ議論はあるが、とにかく「死」そのものは目的ではない、という事実だけは確認しておく必要がある。

自殺も同様だ。自殺を目的化する人は――おそらくは一部の狂信的なカルト宗教の信者でもない限りは――いない。自殺は手段だ。目的こそが重要だ。目的を無視し、手段としてのみの自殺を「よくない」と論じても、仕方がないのだ。

いじめから逃げるように死を選ぶ人を、ぼくは理解する。ぼくもかつて、いじめから逃げようと自殺を本気で考えた。その気持ちを他人からとやかく言われ、「自殺はするな」と言われても、少しも救われた気持ちにはならないだろう。

自殺したくなるような、自殺以外に選択肢が考えられないような状況。その状況が存在するのは紛《まご》うかたなき事実であり、他人がとやかく言うことではない。

大事なのは、死のうとまで人を追い詰めさせる、いじめという行為である。そちら「だけ」が対策のターゲットなのだ。自殺が減るか、増えるかというのは結果論に過ぎない。

自殺を制度的に、宗教的に禁じても意味がない。大事なのは「自殺したい」と思わせ、追い詰める行為そのものと対峙することなのだ。

以上の議論から、**いじめられっ子の最後の最後の手段として、自殺を選ぶ権利はある。**そうぼくは思う。

だが、死ぬな、と言いたい。

死ぬのは最後の手段である。他の手段が全部ないと決めつけるのは、まだ早い。

自殺は絶対悪ではないが、いじめはほぼほぼ、絶対悪だ。ぼくらがまだそれに本気で取り組んでいないだけなのだ。

自殺がない社会は、もしかしたら一種のディストピア（暗黒郷）なのかもしれない。奴隷貿易で売り飛ばされ、虐待されながらも、「死ぬな」と強要されたアメリカの黒人のように。

自殺したいと思わないような社会こそが、我々が目指すべき社会なのである。

「責任」と「徹底」はいじめに無力

前述した教育ジャーナリストの品川裕香氏は、２００６年に福岡県筑前町で中学2年生がいじめのために自殺し、2007年に兵庫県の高校3年生がやはりいじめのために自殺したあと、第一次安倍内閣の教育再生会議の委員になった（『いじめない力、いじめられない力』）。

そこで出された提言には次のようなものがある。

「学校は、子どもに対し、いじめは反社会的な行為として絶対許されないことであり、かつ、いじめを見て見ぬふりをする者も加害者であることを徹底して指導する」（傍点岩田）

「徹底的に調査を行い、いじめを絶対に許さない姿勢を学校全体に示す」

「教員の責任を明確に」

「教育委員会は、いじめに関わったり、いじめを放置・助長した教員に、懲戒処分を適用する」

「子どもたちには『いじめはいけない』『いじめに負けない』というメッセージを伝えよう」

こうした提言を行なったが、結局2011年には、大津市中2いじめ自殺事件（後述）が起き、品川氏自身が言うように「いじめは年々激しくしつこく陰湿に」なっている。

ということは、教育再生会議の提言のようなやり方では効果がない、ということを意味していないだろうか。

ぼくが特に疑問に思うのは、教員に対する厳罰姿勢だ。それと、調査の主体が教育委員会であることだ。

率直に言って、教育委員会は信用できない。彼らは教育畑の事務局の言いなりになることも多く、「教員の立場」からものを判断しやすく、よって事なかれ主義、教員擁護に走りやすい。

このことは文科省自身が指摘している（＊10）。事実、教育委員会はこれまで何度も、いじめを看過したり、隠蔽したり、「なかったこと」にしてきた。

次に、教員の厳罰化には反対である。

なぜ反対か。その根拠は、ぼくが医者なのでよく理解している理由にある。

研修医のミスの責任はどこにあるのか？

医者が医療を行ない、医療事故が起きたときに、大切なのは厳罰化ではない。むしろ「懲罰から免責されること」である。

これは、非医療者の立場から見ると「何を言ってるんだ」という話になりそうだが、本当なのである。

もし医療者が医療を行ない、何か事故が起きたとき、まず大切なのは、事実確認である。本書では何度も繰り返しているが、「事実確認」くらい重要なものはない。

医療事故はいろいろな原因で起きる。薬の副作用、医療者のミス、医療システムのミス、病気の合併症。回避できる事故もあれば、回避困難、回避がほとんど不可能なものもある。

そこで大切なのは、データである。十分なデータが開示されていれば、どういう原因でどんな事故が起きたかが分かる。原因が分かれば、対策も自《おの》ずから見出《みいだ》せる。

多くの医療事故は、個人に責を負わせるべきではない事故である。仮に個人のミスで事故が起きた場合でもそうである。

理由を今から述べる。

仮に、ある研修医が、なんらかのミスをしてしまったとしよう。医療事故だ。その事故は研修医の技量不足によるミスで起きたとしよう。

多くの場合、日本ではこれは「研修医が悪かった」「彼がミスをした」という形で、「個人の責任」となる。そして彼・彼女は叱責され、場合によっては責任を取らされる。裁判で被告になることもある。

しかし、これはよく考えてみるとおかしい。

なぜならば、病院は研修医がミスをする可能性を、あらかじめ予見しておくべきだったからだ。

全ての人がミスをする。ミスは前提だ。大事なのは、個々人がミスをする可能性を前提に、それをシステムで防げていたかどうか、であろう。

ここで「個々人の問題」が「組織やシステムの問題」と転じる。

医療事故が起きたとき、「研修医が未熟だったからミスをした」という病院長の言い訳をときどき聞くが、変な話だ。研修医が未熟なのは当たり前だからだ。未熟でなければ研修をする必要はない。

よって、悪いのはミスをした研修医ではなく、ミスをするであろうと容易に予見できるはずの研修医に、単独で医療行為をさせた病院なのである。言ってみれば、これは病院長が悪い、とすら言える。

宮迫氏の「闇営業」を、個人の責任ではなく、吉本興業のシステムエラーと考えるべきだ、と論じたぼくの主張を思い出してほしい。

処罰は、医療者に事実と向き合わなくさせる

個人の未熟ではなく、システムの不備を指摘し、改善する。これがリスク・マネジメントの基本中の基本である。そのリスク・マネジメントの基本が十分に理解されていないため、日本ではしばしばこういう事故が裁判になる。

２０１４年には、国立国際医療研究センター病院の後期研修医の造影剤誤投与による、患者死亡事故が派生し、業務上過失致死で刑事裁判となり、被告の医師は執行猶予付きの有罪判決を受けた（＊11）。

リスク・マネジメントが専門のぼくの見解では、このような事件で起訴され、刑事事件になってはいけない。

なぜなら、医療行為においては、事故のリスクは必ずついてまわるからだ。投薬、手術、すべての医療行為にはリスクがある。そのときに、医療者個人が刑事事件の被告になり、有罪判決を受けていたら、萎縮した医療者は、医療行為を行なうインセンティブを失ってしまうだろう。

病院にて医療事故が起きたとき、真っ先に行なうべきは「報告」である。インシデントの

報告というが、実はこの報告数は、実際の事故よりもずっと少ないと考えられている。

報告すれば、調査が入り、それは医療者にとってはトラブルになる。もし回避できるのならば、トラブルに巻き込まれたくない、というのは全ての人の心情だろう。患者は急変することはあるから、「事故ではなく急変」と判断できなくはない。

こうやって、医療者は事実と向き合おうとせず、事なかれ主義となり、「なかったこと」にしようとする。報告すべき報告がなされない。よって調査が行なわれず、真実も分からない。

どうだろう。教育現場におけるいじめと、全く同じ構造ではなかろうか。

結果を求めるなら、真相究明と情報開示が大切

だから、海外では医療事故対策を裁判に依存せず、個々人を糾弾しない方法が活用され始めている。

これがＡＤＲと言われるものだ。

ＡＤＲとは、「Alternative Dispute Resolution」の略である。直訳すると、「代わりの紛争解決」という意味だ。日本では「裁判外紛争解決手続」と呼ばれることが多い。

日本でもＡＤＲはあるが、どちらかというと裁判を回避する手段として認識されているようだ（訳語がそれを象徴している）。長期化し、費用もかかる裁判ではなく、医療紛争を当事者間で解決しようと交渉するものだ。

ぼくは、もう少し積極的な意味でのＡＤＲを提唱したい。

それは対象となる医療者の免責を担保した形での、真相究明と、被害者補償である。医療事故の被害者は救われねばならない。当たり前だ。しかし、それは必ずしも加害者とされる医療者の処罰とセットになる必要はない。「恨みを晴らす」形で医療事故被害者を救済することは、「必然」ではない。

患者を悪くしようとして治療する医療者は皆無だ。また、そういう悪魔的行為が万一あれば、それこそ刑事事件として取り扱うべきだろう（稀に、ある）。善意でやった医療行為が、仮に不幸な転機を患者にもたらしたとき、それを処罰という形で解決するのは必ずしも合理的ではない。前述のように、それは医療者のことなかれ体質、隠蔽体質を生むからだ。

そうなると、積極的な医療の回避、患者ケアや治療の質の低下も起きてしまいかねない。手術が必要な患者でも、「手術で何か起きたら訴えられる」と判断した医師が、自分可愛さに手術をしないという判断をしてしまいかねない。

よって、医療者が積極的に事実を開示し、データを提供し、真相を明らかにし（それには専門家たる医療者の協力が不可欠だ）、そして被害者への補償を行なったほうが、合理的である。

いやいや、加害者も罰しなければダメでしょ、という意見は、観念としては理解するが、それでは医療事故は減らない。

教育現場も同様である。教員だって、生徒を殺したかったわけではない。いじめを放置したかったわけでもない。万が一、いじめに積極的に加担するような犯罪的教師がいた場合には、処罰してもよいが、善意の結果としていじめが起き、自殺が発生したときに、「教員を罰する」処罰主義は、絶対に隠蔽体質を生む。現に、教育現場の体質は、隠蔽体質そのものではないか。

この点、品川氏ら「専門家」は、まだまだ教育を「べき論」で議論しすぎる。「願望」と「事実」を混同している。

我々はもっと、クールでリアルで、結果にこだわるべきだ。

いじめが見えない、ではなく、いじめが少ない。自殺が認定されない、ではなく、自殺が起きない社会を目指すのなら、透明化、情報開示を優先させるべきだ。処罰は、透明化を阻害する。情報開示を阻害する。

傍観者は、いじめの加害者ではない

最後に、「傍観者」である。

傍観者も加害者だ。いじめ問題でよく言われる意見だ。

しかし、本当にそうだろうか？

考えてみてほしい。読者諸氏は、何か問題があったとき、それを傍観せずに直接対峙しているだろうか。

そんなことはないだろう。たいがいの人たちは、問題を看過する。白状するが、ぼくもする。

先日も、交通事故を目撃した。荒っぽい運転をしたスポーツカーが、軽自動車と接触したのだ。

スポーツカーに乗っていたのは、明らかにやくざっぽい若者だった。神戸市には、こういう人はわりと多い。軽自動車に乗っていた中年男性を威嚇《いかく》し、大声で怒鳴りつけ、お前が悪いのだと文句を言っていた。

そこを歩いていた初老の男性が、「あんたの運転が悪かったんじゃないか。わしは見とったで」と言うと、今度はこの「やくざ」は、老人に怒鳴り出した。見るからにヤバそうな男だ。

ぼくは、ここで仲裁に入ろうかどうかちょっと迷った。これから講演に行くところで、移動中だったのだ。

が、結局は何もしなかった。理由は簡単だ。怖かったからだ。やくざ風の若者にけんかを売って、あとでどんな仕返しが来るか分からなかったからだ。家族に害が及ばないかという懸念も一瞬頭をよぎった。その気になれば、ぼくの職場や自宅を突き止めることなど、そう難しいことではないだろう。

みなさんだったらどうだろう。このやくざチックなお兄さんに、ちゃんと意見できるだろうか。

いじめの問題での「傍観者」を糾弾するのはそのようなものだ。

自分自身がいじめられっ子だった体験からも、いじめの傍観者は腹立たしいものだ。どうして助けてくれないのか。どうして、非道ないじめを傍観しているのか。苛立《いらだ》たしい、腹立たしい。ぼくもずっとそう思っていた。

でも、実際に自分が守る側に立てば、動けないものである。守るべき家族がいると、なおさらそうだ。

傍観者も加害者だ。そう言う「識者」は、自分たちが目にしているあれやこれやの問題に、ちゃんと「傍観」せずに立ち向かっているのだろうか。甚だ疑わしい。大人社会で自分ができないことを、子供に強要することなどできるはずがないのである。

ぼくがクルーズ船、ダイヤモンド・プリンセス号に入って感染対策の問題点を見出したときも、実はすでに問題点に気づいていた人は他にもいた。が、それを指摘したり改善を求めたりすることはできなかった。それをすればぼくのように各所から糾弾されたり、排除されたりするからだ。

ぼくはそういう「傍観」という選択肢をとった人物に怒りを覚えたりはしないし、批判したいとも思わない。その後ぼくが受けたあれこれの「いじめ」(奇妙なことに、いじめは日本社会でだけ発生し、他の国の人からは一切バッシングは受けなかった)を考えれば、萎縮してしまうのは当然だ。ぼく自身、バッシングのために自身の選択を何度も後悔したものだ。

もちろん、傍観はよくない。いじめにおいて傍観を看過するのは、いじめを助長する。長い間、いじめに苦しみ、傍観者たちを恨みに思ってきたぼくは、心の底からそう思う。

が、傍観者たちを「加害者」として罰してはならない。攻撃するのもだめだ。よほどの勇気がない限り、すべての悪を傍観せずに立ち向かうなんてできっこない。

できないことを要求するのは理不尽である。**傍観という行為を許容しないのと、傍観者という人物を処罰することは、同一ではない。**

それよりはむしろ、ここは徹底的にリアリズムに徹して、「傍観者は許す。が、通報しろ」といじめの告発を促したほうが実際的だ。一種の「司法取引」である。

傍観者は許す。よくないけど、許す。その代わり、いじめの存在を教えろ、というアプローチだ。

こういう清濁《せいだく》併《あわ》せ呑《の》むアプローチのほうが、いじめ対策にはずっと効果的だとぼくは思う。

そうではない、と言う人たちは、目にした問題すべてに「傍観せずに」立ち向かってくれればそれでいい。できないと思うけど。

4．空気ではなく、科学を

子宮頸がんワクチンはなぜ推奨されないのか

子宮頸がんという病気がある。

子宮のがんだから女性の病気だ。これはヒトパピローマウイルス（ＨＰＶ）というウイルス感染が原因で起きるがんである。ある種のがんは、感染症が原因となるのだ。

こうしたがんの予防のためにワクチンが開発された。ＨＰＶワクチンである。子宮頸がん予防にも効果的だが、男性の肛門がんや陰茎がんにも予防効果がある。よって、多くの国では女児に、アメリカやオーストラリアなどでは男の子にも定期接種している。英国も２０１９年から男子にも接種することに決めた。

日本でもＨＰＶワクチンは「定期接種」である。主に中学生の女子が接種対象だ。ところが、このワクチンは日本の女子のほとんどに接種されていない。理由は「ワクチン副作用」の懸念から、厚生労働省が「積極的な勧奨を差し控えた」ためだ。

このワクチンの効果と安全性については、拙著『ワクチンは怖くない』（光文社新書）で詳述したから、ここでは繰り返さない。結論だけ申し上げると、ＨＰＶワクチンは子宮頸がん予防に効果的で、その副作用リスクは小さい。接種したほうがしないよりもずっと利益が大きく、積極的に日本の女子に、あるいは男子に勧めるべきワクチンである。

しかし、厚労省が「定期接種ではあるが積極的勧奨は差し控える」という意味不明な日本語で説明するから、多くの親たちはビビってしまった。ワクチン接種を受けさせなくなってしまった。

というか、そもそも「積極的勧奨を差し控えた」ワクチンは、（たとえ定期接種でも）ワクチン接種の通知が来ないのだ。通知が来ないのに、わざわざ病院に行ってワクチンを接種しようというのは、よほど勉強している人たちだけで、ほとんどの人たちはこのワクチンが提供されているという事実すら知らない。

みなさんが接種対象年齢の女子（小学6年生から高校1年生相当）なら、無料で接種可能なので、ぜひ親にお願いしてワクチンを打ち、自分の身体を守ってほしい。たとえ、通知が来なくったって、無料で接種は可能だから。

よって、厚生労働省がやるべきは、一刻も早く積極的勧奨を再開して、対象者にはがきを送って「ワクチンを打ってくださいね」と通知、励行することである。定期接種だけど連絡しない、などというおためごかしな態度はいい加減にやめるべきだ。

メディアが騒ぐと禁止する

が、当の担当者は知らん顔だ。元厚労省健康課長の正林督章《とくあき》氏はインタビューの中で、「国民の理解」がなければ積極的勧奨はできないと述べている。自分たちがその理解を妨げておいて、よく言うぜ、と思う。

正林氏は積極的勧奨差し控えに、「マスコミの影響と責任」が大きかったと主張する。メディアが騒いだから、積極的勧奨を差し控えたというのだ（＊12）。

そもそもそれが間違っている。

ワクチンに限らず、医療行為の是非は、医学的、科学的に判断するしかない。リスクが大きいと判断すれば、警告を発したり禁止すればよいし、リスクが小さい、リスクがないと判断するなら、そうだと言えばよい。

「メディアが騒ぐから禁止する」「メディアがオーケーサインを出せば、認める」という他力本願な態度では、いったいなんのための行政なのだろうか。

だから、ぼくは２００９年の「新型インフルエンザ」騒動後の総括会議で、「日本版のＡＣＩＰ（Advisory Committee on Immunization Practices：ワクチン接種に関する諮問委員会、つまり、ワクチン推奨を多様な専門家の推奨で決定する仕組み）を作るべきだ」と主張したのだ。あのとき日本版ＡＣＩＰができていれば、こんな茶番は起きず、日本でもＨＰＶワクチンは積極的勧奨をされていたはずだ。

しかしあのときも、日本版ＡＣＩＰの必要性を否定する委員は皆無だったにもかかわらず、なんだかんだでなし崩しにされて、予防接種行政は厚労省がメインに意思決定する古い体制が残ってしまった。「メディアが騒がなくなれば」厚労省は動かないのである。

医学・医療において、大事なのは空気より科学

「メディアが騒ぐ」……すなわち、空気である。空気がものを決める。これが日本のいじめ体質の本質と言ってよい。これまで述べてきたように「空気がタコ殴りを許容すれば、叩

く」からなのだ。

しかし、医学・医療において「空気」なんてどうでもよい。大事なのは科学である。こう言うと不平をもらすものがいる。医学は科学だけでは決められない。患者の感情、思い、心情も大事だという意見だ。

当然、感情、思いは大切だ。

しかし、感情はワクチンのリスクも有効性も教えてくれない。副作用問題は科学の問題だ。副作用があるのか、ないのか。あるとすれば、どういう人にどういう頻度でどのくらいのインパクトを及ぼすのか。この判断をもたらすのは科学である。

感情論で副作用を吟味するのはまったくのナンセンスで、問題を過小評価するか、過大評価するかのどちらかである。そして、どちらの誤判断であっても、もっとも不利益を被るのは当の患者である。

現に、HPVワクチンの不当な評価のために、多くの女性は子宮頸がんに苦しむことになる。おそらく、今後、数十年ずっと、である。

そのころ、世界中では子宮頸がんという病気はほぼ撲滅状態となり、「日本は子宮頸がんが未だに流行する稀有《けう》な国」ということで、多くの専門家が研修を受けに来ることだろう。

極めて嫌味な未来予測だが、おそらく今のままだとそうなる。

「感情」と言うならば、このような間違った根拠で多くの患者が苦しむ現状にこそ、怒りの感情を持つべきなのだ！　現にぼくはこの問題に激怒している。

「世間の感情」に留意して政策を決めると、むしろ非人道的な結果に陥ってしまう。その一例が「らい予防法」だ。

ハンセン病（らい病）は、マイコバクテリウムという細菌の感染症だが、他人への感染性は非常に弱い。しかし、顔などの皮膚に病気を作り、「見た目が醜くなる」（と多くの人が感じた）ために、日本でも外国でも、ハンセン病患者は差別と迫害の対象となってきた。松本清張原作の映画『砂の器』（１９７４年）は、その差別を教えてくれる映画だから、興味があったら見てみてほしい。

「らい予防法」は、隔離の必要がないハンセン病患者を、無理やり隔離させることを正当化させた。ひどい法律だ。科学的に議論すれば、これが非人道的で、人権を無視している悪い法律なのは明らかだった。

しかし、住民の差別感情に「配慮」したから、こんな悪い法律が長い間まかり通ってきたのだ。らい予防法が廃止されたのは１９９６年。しかし、いまも多くの患者たちは事実上隔離されたままでいる。

もう一度言う。空気なんてどうでもよい。大事なのはファクトだ。事実だ。科学だ。

ファクトを無視したフェイクな社会において、より多くの人が健康を損ない、苦しむ社会となる。

抗生物質の「原則禁忌」というフェイク

バクタという抗生物質がある。

この抗生物質の「添付文書」（＝薬の使い方をまとめた文書）は、１９７０年代にできた時代遅れの文書であり、「原則禁忌」として、

本人又は両親、兄弟が気管支喘息《ぜんそく》、発疹、蕁麻疹《じんましん》等のアレルギー症状を起こしやすい体質を有する患者又は他の薬剤に対し過敏症の既往歴のある患者

と書いてある。

「原則禁忌」というのは、「使ってはいけませんよ」という意味だ。

実は、この記載は間違いだ。両親や兄弟に喘息があろうが、蕁麻疹があろうが、バクタは安全に投与できる。科学的に間違った文書なのに、そのままになっているのだ。

ところが、ある医療機関で患者にバクタが処方され、不幸なことにその患者にバクタの副作用が起きた。さらに不運なことに、その患者の親族に喘息患者がいたのである。

患者は添付文書を読んで激怒し、この医療機関を攻撃した。攻撃された医療サイドは心身に大きなダメージを受け、苦しみ、ぼくにこの件を相談してきた。個別の事例なので詳細はここでは書けないが、そういうことだ。

どんな薬にだって副作用は起きる。副作用が絶対に起きない薬やワクチンは存在しない。副作用が起きた患者には誠に気の毒な話ではあるが、副作用は一定の確率で起きるのだ。副作用が起きたことを、処方した医者のせいにするのは理不尽にすぎる。

繰り返すが、バクタに両親や兄弟の既往歴は関係ない。バクタの添付文書は非科学的な文章だ。件のエピソードは、たまたま偶然患者に起きた副作用があり、その患者にたまたま偶然、喘息を持つ親族がいたというだけのことだ。科学的には「不運だったが、それ以上でもそれ以下でもないエピソード」であり、医療サイドに科学的医学的な判断の誤謬はない。

しかし、添付文書が間違っていたがゆえに糾弾の対象となったのだ。

このとき、ぼくは添付文書は改定されるべきだと思い、厚労省の担当者にアポを取って、霞が関まで行った。が、担当者の言葉にぼくは耳を疑った。

「なるほど、岩田先生の言うことは科学的には正しいかもしれません。しかし、そんなことを主張しているのは先生だけではないですか。みんなは文句を言ってはいないじゃないですか」

厚労省は、世間が騒ぎ、メディアが騒ぎ、「空気」が醸造されれば動くのだ。しかし、科学的に間違った文書は、間違ったという認識があっても改まらない。間違いは、認めなければ間違いではないのだ。世間が騒がないことは、「間違い」ではないのである。お役所の無謬主義である。

しかし、世間が騒ごうが騒ぐまいが、この添付文書では、正しく患者に薬を処方できない。また、正しく処方された場合でも、トラブルの原因となる。

現に、トラブルは起きた。それだけで、訂正には十分な理由だ。少なくとも、ぼくだったらそうする。間違いを直し、医療を適正化するのに「空気」なんて必要ないからだ。

この「原則禁忌」という、「積極的勧奨を差し控える定期接種」なみに意味不明な用語は、早晩廃止されると聞く。朗報だ。しかし、２０１９年9月の段階では、添付文書は改まっていない。関係者によると、「これから検討を始める」のだそうだ（＊13）。

意思決定はファクトを根拠に

「空気」はしばしば間違える。福島第一原発事故後に、福島県での住民の健康に対する放射線被害はなかったが、「空気」がその判断を誤らせている。ＨＰＶワクチンについても誤らせている。「空気」が醸造されないと、現存する問題、例えば抗生物質の問題などは放置される。

そうして、多くの人が苦しんでも知らん顔である。

厚労省には同情もしている。彼ら自身が「世間」やメディアから多くのバッシングを受けてきたからだ。そのトラウマが防御的な態度をとらせ、「触らぬ神に祟《たた》りなし」の態度をとらせ、「世間が騒いでいないことには手を出さない」というお役人体質を助長させた。

だからこそ、メディアの騒ぎなどはさらりと受け流し、無視し、「空気」を根拠とせず、ファクトを根拠として意思決定する姿勢を貫いてほしいのだ。

「出る釘は打たれるが、出過ぎた釘は打たれない」。前職の亀田総合病院の亀田信介院長がぼくに言った言葉だ。メディアの戯言など無視すれば良い。

ドナルド・トランプはアメリカ大統領として優秀とは言えないが、彼のわずかな取り柄の一つは「メディアの意見をガン無視できる」鈍感力だ。厚労省は繊細すぎる。もっとファクトに忠実に、本当の意味で国民に優しい役所になってほしいと心から願っている。

それからラージ・メディアだ。テレビ、新聞、雑誌。そろそろ反省してほしい。自分たちの加害者性に気づいてほしい。「それっぽい正当な理由」らしきものを根拠にいじめに走るな。そして、間違っていたら訂正し、方針転換しろ。

役所の無謬主義もたいがいタチが悪いが、新聞やテレビのそれは、それに輪をかけてひどいぞ。

事実と欲望

「それは、事実なのか。それとも、君が『そう思っている』ことなのか」

これは、ぼくがアメリカで内科研修医になった年に、一つ上の先輩医師から言われたことだ。パトリックという極めて優秀で、かつ厳しい先輩だった。

集中治療室（ＩＣＵ）を担当していたときだ。朝のカンファレンスで、すべての患者の前を通りながらチームで議論する。細かい内容は忘れたが、患者の対応策についてぼくが「こうなんじゃないか」と意見したとき、こう言われたのだ。

事実なのか、事実だと思っていることなのか。

事実なのか、お前の思い込み、思いつき、願望、あるいは欲望なのか。

非常に重たい言葉である。この日以来、ぼくは患者ケアのときに必ず、この言葉を自らに反芻《はんすう》するようになった

患者の命に関わる「医療」。我々の判断や意思決定は、常に人命に深く関わっている。安易な判断ミスは許されない。

しかし、人間である以上、医者であっても間違いは犯す。

大切なのは、間違えないことではない。仮に間違えたにしても、「よりましに」間違える

こと。間違えたとしても、すぐにミスに気づいて方向修正できること。そのことがもっとも大切なのである。

「よりマシに」間違えるとは、どういうことか。

例えば、「A」という選択肢と「B」という選択肢があったとしよう。よりイメージしやすくするために、「A」を手術する、「B」を手術しない、にしようか。

では、「A」と「B」のどちらが正しい決断か。

これまでの知見から、ある程度妥当な判断はできる。しかし、100％正しい決断というのはありえない。

良かれと思って決めたことが、裏目に出ることもある。手術すべきと思い、いざ執刀したら、手術の合併症で患者が悪くなることもある。手術せずに薬だけで治療と決めたら、病気が悪くなって、「あのとき手術していれば」と後悔することもある。ぶっちゃけ、「やってみなければ分からない」ことは多い。

ある患者に抗生物質を出すか、出さないかも、案外難しい決断である。

抗生物質のおかげで病気が治ることもある。抗生物質の副作用で患者が苦しむこともある。副作用の発生率は、ある程度、データから推察できる。1％か、5％か。しかし、目の前の患者に副作用が起きるか、起きないかを確実に予見することは難しい。起きるときは、起きる。これが現実だ。

よって、抗生物質を出すべきか、出さないほうがよいのか。「間違えない」確実な方法はない。

唯一「間違えない」方法はある。それは患者の診療をしないことだ。これならミスは起きない。しかし、医療の恩恵を受けるチャンスそのものを失った患者の苦痛は無視して、「知らん顔」な態度である。要するに単なる責任放棄だ。これが正しい判断とはとても思えない。というか、そもそも「診療をしない」も一つの判断だ。それで患者が苦しんだり、死んだりしたら、責任だけは回避できても、問題解決にはなっていない。これはＨＰＶワクチンを打たずに「何もしないで」子宮頸がん患者の悲劇を傍観しているのと同じである。

「間違えない」ではなく「よりよく間違える」

というわけで、この世の中で「間違えない」方法はない。間違えるのはだめ、というのはゼロリスク信仰という。それは、決して得られない幻想に過ぎない。

絶対に間違えないというゼロリスクは、幻想だ。ドラマの世界にしか存在しない。

が、仮に間違えたとしても、「よりよく間違える」ことは可能だ。

目の前の患者が仮に風邪をひいていたとしよう。風邪は基本的に、ウイルスによる感染症だ。ウイルスには抗生物質は効かない。効かない抗生物質が患者にもたらすメリットはゼロか、ほとんどゼロだ。よって、患者に抗生物質を出さないほうが、出すよりもメリットが大きい。

しかし、もしかしたらぼくが誤診していて、風邪と思っていたけれども、実際には、抗生物質が効く何か別の感染症だったのかもしれない。その場合には、抗生物質を出していたほうが、患者の回復は早かった可能性はある。その可能性は否定できない。

とはいえ、「否定できない可能性」であっても、その可能性は大きくない。ぼくが超ヘッポコの医者で、誤診しまくっているならば、話は別だが。

大きくないリスクに対して、（医者の立場から）護身的に抗生物質を出しまくれば、相対的に抗生物質の副作用リスクは増す。仮に副作用の発生リスクが1％しかなかったとしても、風邪の患者を毎日10人診れば、10日以内にそのリスクは発生する可能性が高い。

であれば、「風邪」と判断した患者については、とりあえず抗生物質を出さないほうが、正しい判断をしている可能性が高い。仮に間違えていたとしても、風邪と間違えるような感染症であれば、10分や1時間で致命的になる可能性は小さい。

しばらくしても患者が回復しないときには、改めて診察し、判断を変えて抗生物質を処方すれば良い。これが「ウォッチ・アンド・ウェイト（見ながら、待つ）」というやり方だ（＊14）。

この方法は、**医者が間違える可能性を排除せず、間違える可能性を勘定に入れた上で、よりましな判断、より妥当性の高い判断を患者に提供する方法だ。**この場合、仮に間違えても、そのダメージは相対的には小さい。逆の判断をしたときのほうが患者に対するダメージは大さい。

これが「よりよく間違える」という意味だ。

事実から目を背けずに、考え、判断する

さて、目の前に重症感染症の患者がいたとしよう。脳などに炎症を起こす感染症、髄膜炎だ。

髄膜炎は命に関わる。治療の失敗は許されない。多くは抗生物質で治療する。

この場合、「もし抗生物質の副作用が起きたらどうしよう」という懸念のリスクは相対的に小さくなる。

副作用が起きない、という意味ではない。副作用を怖がって髄膜炎を看過していたら、患者の命が失われる可能性がずっと大きくなる、ということだ。

そこで「副作用のリスクは飲み込んで」抗生物質を出すという決断を下すのが常だ。もし副作用が発生したら、例えば皮膚にぶつぶつができたとしたら、「ごめんなさい」と謝って、皮膚の薬を出すだけだ。それでも、抗生物質を出したという判断そのものは間違っていない。抗生物質を出さないよりも、ずっと「ましな」判断だからだ。

考えて、判断する。プロの医療の世界ではとても大切なコンセプトだ。

選択肢は常に複数ある。しかし、決めなければならない。問題の先送りはできないのだ。

何もしないで様子を見る？　しかし、何もしないことも、また一つの選択肢なのだ。それで患者がリカバーすれば良い判断だし、悪くなれば判断の失敗だ。

何がベストな選択肢か一所懸命考える。判断する。決定する。自分が間違えている可能性は無視しない。仮に間違えていたとしても、ちゃんとリカバーできるかどうかも考える。「よりよく間違える」ことができるかも、考える。

事実から目をそらし、思考停止し、判断せずに「対応」すると失敗する。

例えば、風邪に抗生物質を出す。無批判に出す。何も考えずに、出す。これが「判断せずに、対応」の一例だ。

なぜ出すのか。みんなが出しているからだ。先輩も出していたからだ。医局の教授が出せと言ったからだ。その根拠は考えない。判断もしない。同調圧力に屈し、皆がやっていることにツベコベ文句を言わずに周りの空気に合わせる。忖度する。

副作用の可能性？　副作用が起きた患者なんて見たことないよ。たぶん、そんなことは起きないよ。事実よりも願望、欲望が優先される。

万が一、患者に副作用が起きたときはどうするか？

「いや、運が悪かったんですよ」と自分の判断ミスを棚に上げて「運」のせいにするか？あるいは「これは副作用ではなくて感染症の症状の一つですよ」とさらに「事実」に「欲望」を優先させ、真実から目をそらし、「なかったこと」にするか。

間違いは大切な教科書だ。ぼくもこれまで、いろいろな判断ミスを犯してきた。そのミスは必ず徹底的に分析した。同じ間違いをしでかさないためだ。

しかし、事実から目を背け、欲望を事実に優先させ、自分の判断ミスを矮小化したり、なかったことにしたりすれば、同じ判断ミスは繰り返し起きる。構造的に起きる。

そして、起きるたびにこう、申し開きをするのだ。「たまたま運が悪かったんですよ。これは抗生物質の副作用で、やむを得なかったんです」と。あるいは「たまたま重症の髄膜炎だったんです。めったにないことです。かかったら、たいていは死ぬのです。しかたなかったんです」と。

「失敗してはいけない」という呪い

長々と医学・医療の話をして申し訳ない。しかし、日本のいじめ対策が、法整備など様々な対策を施しているにもかかわらず、抜本的な改善を見ていないのはなぜなのかと考えると、この「事実よりも欲望」の精神が背後にベッタリ存在していることが分かる。最近の言い方で言えば、「ファクトよりもフェイク」だ。

文科省は、いじめの実態を知ろうとしない。それは彼らにとって不都合な真実だからだ。教員も教育委員会も知りたくない。不都合な真実よりも、自分たちに都合のよい、自分たちの欲望——教育現場ではいじめは起きていないし、誰もいじめを原因に自殺したりしない——を優先させる。事実から目を背けている限り、いじめと自殺問題は解決しない。たとえ自分にとって極めて不都合な事実であっても、事実は事実だ。欲望よりも優先させるべきは事実なのである。

子宮頸がんを予防するＨＰＶワクチンの「積極的勧奨」を厚生労働省が行なわないのも、「ワクチンが病気を予防する」という「事実」よりも、「みんなに批判されたくない。メディアや声の大きな人たちにガヤガヤ言われたくない」という「欲望」が優先されているからだ。政治家についても同様だ。

たとえ医師免許を持っていても、「考えず」「判断せず」、とりあえず風邪に抗生物質を出しとけ、という医者はプロとしては失格である。事実よりも欲望を優先させる、プロフェッショナリズムを欠いた医者だからだ。

同様に、ＨＰＶワクチンを積極的に推奨せずに、現状のままで子宮頸がんの死者が発生するのを知らん顔して放置しているのも、プロの政治家、官僚としては失格である。彼らは「考え」「判断する」ことを放棄し、周りの空気に合わせ、忖度し、自らの処遇が不利になるのを恐れ、その願望、欲望を事実に優先させて小狭《こずる》い判断をしてしまう。高級官僚というよりは小役人、政治家というよりは政治屋だ。

教育現場にとって、「いじめの認知」は、失敗ではない。少なくとも最悪の失敗ではない。よりましな失敗だ。いじめがあるのに、欲望によって目を曇らせて「なかったことにする」

ことが、もっとひどい失敗である。

官僚にしても教員にしても、そして多くの医者も（残念ながら）そうなのだが、「失敗してはいけない」という呪いにかけられている。繰り返すが、「私、失敗しません」などと言う医者はドラマの中の幻想に過ぎず、もしそんな医者がいたとしたら、ひどいヤブ医者なだけなのだ。失敗の存在すら認知できない、ヤブ医者。

まともな医者は失敗を認め、失敗を認知し、失敗の可能性を考慮し、そして「よりマシな失敗」に収まるように「判断」する。

現実の問題を直視せず、失敗の可能性を最初から捨象《しゃしょう》し、成功神話にどっぷり浸かって欲望のままで生きている教育現場、教育委員会、そして官僚と議員たちに猛省を促したいのはそのためだ。ぼくはあなたたちの失敗を責めはしないが、失敗が存在しないかのように振る舞って現実世界を矮小化させようという小狭い態度は断固として容認しないのである。

正しい態度が、不正を萎縮させる

If you would convince a man that he does wrong, do right. But do not care to convince him. Men will believe what they see. Let them see.

Henry David Thoreau

間違ったことをしている人にそのことを分からせようと思えば、正しいことをしなさい。だが、その人に分からせようと思わなくて良い。人は、自分の目で見たものを信じる。見せてあげることだ。

ヘンリー・デイヴィッド・ソロー

アメリカの病院で研修医をしていたときは、たくさんのことを学んだ。前述のように「願望と事実」を区別するように教わったのもアメリカ時代だ。

とはいえ、アメリカの医者がみんなスーパー優秀な連中とは限らない。そうでないことも多い。優秀なのもそうでないのもいる。日本と同じである。

無責任な同僚も結構いた。すぐにサボる医者も多かった。責任逃れをして、全部人のせいにする。文句を言っても知らん顔。一向に態度は改まらない。

ある日あるとき、ぼくはそういう同僚と当直に入っていた。案の定、その同僚はなんだかんだと理由をつけて仕事をサボっていた。「これとこれ、手伝ってくれよ」と頼んでも「今、自分は手が離せない」と言って知らん顔だ。

アメリカの病院での当直は忙しい。オン・オフがはっきりしているアメリカでは、当直以外の医者は、夕方になるとさっさと帰宅する。申し送りをして、ビーパー（ポケベル）の電源を切って、あとはプライベートな時間である。

それは良いシステムで、医療者の生活の質（ＱＯＬ）を保つのに必須なシステムだ。日本みたいに、夜中も週末も主治医が呼び出されるなんてことはない。

その代わり、あとを任された当直医はたいへんだ。みんなおっかぶさるのだから。病棟の急変、ＥＲ（救急室）からの新入院。すべてやらなければならない。

アメリカの病院での研修は短距離ダッシュの連続だ。とても疲れる。とても忙しい。その代わり、休みになったらちゃんと休む。

対して、日本の病院は、アメリカのそれほどインテンシティーはない。集中的に忙しくはない。みんなダラダラと仕事をする。

しかし、帰れない。夜も、週末も帰れない。帰らない。アメリカの研修が短距離ダッシュの連打とすれば、日本のそれはマラソン的な（あるいはジョギング的な）研修だ。まあ、効率という観点から言えば、アメリカのほうがずっといい。

とにかく、ぼくは忙しく当直業務をこなしていた。イライラもしていた。相方の同僚が全然手伝ってくれなかったからだ。ぼくの担当患者、彼の担当患者、そして2人でやる仕事があるんだけど、この「2人でやる仕事」を彼はちっとも手伝ってくれなかった。

おそらく、ぼくはブチ切れてしまったのだろう。「もう、ええわ」とヤケになってしまったのだろう。

ぼくはその後、「自分の仕事」「2人でやる仕事」のみならず、彼が担当するはずだった新規の入院患者も全部診てしまっていた。患者の話を聞き、検査をオーダーし、治療をプランし、病棟に移動させる。嵐のようなERで、馬車馬のように働きまくったのだ。

気がつくと、彼が目の前にいた。すぐにサボりたがる同僚がそこにいた。

彼は一度も見せたことがないような真剣な表情で言った。「ケンタロウ、ほんっとうに済まなかった。悪かった。ありがとう」

ぼくは彼のためを思って彼の仕事を代行したわけではない。単にブチ切れていただけだ。ヤケになって「矢でも鉄砲でも持ってきやがれ」という気分になっていただけだ。

しかし、彼は自分の怠惰を、本気で恥じたらしい。あれほど指摘しても平気の平左《へいさ》だったのに、「代わりに彼の仕事をしてあげる」行為に心が動いたのだ。

その後、彼は露骨にサボることをしなくなった。少なくとも、ぼくと一緒に仕事をするときはサボらなくなった。それどころか、英語が下手くそなぼくをあれこれとかばい、助けてくれるようになった。

情けは人の為ならず。この言葉を思うたびに、このときのエピソードを思い出す。そして、その後も似たような経験は何度も持った。サボったときは、サボるなと言ってもだめで、こちらがもう一歩前に出て頑張るのだ。いじめに対しても同様だ。

言葉よりも行ないが、パワフルなこともある。今でも繰り返し思い出す記憶である。

ネットのいじめ、ツイッターでの嫌がらせ

子供のときはいじめられっ子だったという話をした。

では、今はいじめの被害にあっていないかというと、そんなことはない。現在でも、ぼくに対するいじめ行為は起きている。ソーシャル・メディアのツイッターでは、ぼくの名前をあえて出さずにぼくを批判するツイートを拡散させて喜ぶ人たちがいた。「医クラ」（医師クラスタ）と呼ばれる匿名でツイートする医者たちだ。

ぼくは医者のくせに、日本の医者の問題点の数々には批判的なことが多い。だから、ぼく

のことを快く思わない人も当然いるだろう。それはいい。

しかし、ぼくに「エゴサ」されないようにわざわざ工夫まで凝らして、匿名でぼくを非難するということは、ぼくに態度や行動や言動を改善してほしいわけではないのだろう。議論したいわけでもない。要するにディスって楽しみたいだけなのだ。こういういじめ行為もある。ちょっと「ライン外し」にも似た、ひねくれたいじめ行為だ。

このような医クラは見つけたらすぐにブロックしてしまっている。ブロックすれば彼らはぼくのツイートを読むことはできない。ぼくも、彼らのツイートを目にすることはなくなる。要するに存在しないのと同じだ。

もちろん、もしかしたら今でもぼくの書いた著作などについて悪口を言っているのかもしれないが、認識できない言動は「存在しない」。存在しないものには痛痒《つうよう》は感じない。気にする必要はない。

子供のときはいじめ対策が下手だったぼくだが、今は躊躇《ちゅうちょ》なく、いじめっ子は容赦しない、という態度をとっている。「匿名」のツイートでぼくに嫌がらせをしていた医者の本名をつきとめて晒《さら》したこともある。彼はひどく取り乱していた。普段から自分の言動の品のなさを放置しているから、いざ本名がバレると狼狽《うろた》えるのだ。

陰湿なネットのいじめに手を出す医者など、所詮その程度の存在だ。繰り返すが、ぼくは不寛容には不寛容だ。その行為が止まるまでは。

本来、医者は困っている病人のケアをして、患者の心身の改善に取り組むのが務めだ。にもかかわらず、このような卑怯な態度をとる医者は案外多い。みっともないことだと思う。

なかにはツイッターで患者を非難する医者すらいる。

あるがんになった有名人がいた。その人は喫煙者だったのだが、呼吸器内科医らしいその匿名の「医者」は、「喫煙者は気道が汚れてて見にくいから禁煙しろ」という批判をその有名人を指してつぶやいていた。その人物のツイートにコメントしたのではない。ニュースサイトにコメントしたのだ。要するに、毒を振りまいていただけだ。

ぼくはムカついたので、「せめて患者には敬語を使え」と文句を言った。そうしたらこの「呼吸器内科医」は、「お前は俺の指導医か?」と反論してきた。ムカついたらしい。

お前は指導医の言うことじゃないと聞けないのか? というか、自分は「主治医でもないのに」その有名人を非難してたじゃないか（主治医でもやっちゃダメだけどね）。手前のことは棚に上げて、よく言うぜ。

この手の「勘違いしている医者」が、ツイッターで患者や患者関係者を攻撃する。医療従事者が患者を攻撃する。ありえないことなのだが、こういうことはしばしばある。

もちろん、彼らは医療者全体から見れば少数派だ。彼らを見て、「医療者はこういうひどい奴ら」という呼び方はしてほしくない。

ライン外しの難しさと対応法

ライン外しといういじめ行為があるという。

ぼくはラインはほとんどやらない。ラインアプリを使って、家族と無料通話をする程度にしか使わない。

しかし、例えば神戸大の医学生などは、学年みんながラインでグループを作っている。ぼくが授業で資料などを回覧しようとしても、今は紙でなんか回覧しない。メールすらしない。「ラインで共有」するのだ。

このような「共有のツール」になっているラインで、自分だけがそのコミュニティから外されたら、さぞショックなことだと思う。

ぼくも高校時代、そのようないじめにあっていた。ぼくはサッカー部員だったのだが、運動能力が低いために、いつもからかいの対象になっていた。で、ぼくだけ連絡を外されるのだ。試合の日程とか、新調するユニフォームの情報とか。間違った情報をぼくにだけ伝えて、あとで嘲笑《あざわら》うということもやられた。

今考えてみても、このような「コミュニティからの外し行為」は非常にえげつない行為だ。ぼくが所属していたサッカー部の部員は、今から思い出しても普通の人たちで、とくに悪辣《あくらつ》な集団だったわけではない。

ただ、普通の人でもえげつないことはいくらでもできる。それだけだ。

ツイッターの見知らぬ匿名医師たちなど、ブロックしてもなんの痛痒も感じない。彼らとのコミュニケーション？　が途絶えたところで、何一つ困ることはない。

しかし、一緒に過ごしている仲間、同級生たちから無視されるのはつらいことだろう。ライン外しというのは非常に陰湿で、かつ効果的ないじめだと思う。それに、いわゆる「傍観者」たちも、このライン外しに「私だけ参加しない」というのも難しかろうと思う。

本気でこうした「ライン外し」に対抗しようと思ったら、クラスメイトを「捨てる」覚悟が必要だ。ツイッターでのブロックのように、クラスメイトなど「存在しない」かのように振る舞うのだ。学校に行かないとか、転校するのと同じようなやり方だ。

しかし、暴力行為などに比べれば一見マイルドな「ライン外し」に対して、不登校や転校で対抗するのも、しんどいことだとぼくは想像する。親や担任教師も理解を示してくれないだろう。

むしろより現実的なのは、「ライン外し」の傍観者たちに、その「外し」行為を「密告」してもらうことだと思う。傍観者は加害者ではない。「司法取引」として密告させるのが一番だと述べた。

傍観は許さない。だが、傍観者は許す。「ライン外し」にはこの戦術が有用だろう。

ネット上のいじめは、人物を特定してもらう

あとは、技術的に「ライン外し」の首謀者を突き止めればよい。

すでに述べたように、ネットにおけるいじめは、証拠を掴《つか》むのが簡単だ。ツイッターの「匿名」者も、簡単に人物を特定できる。

ほとんどの場合、書き込みの主体が特定されれば、いじめは止まる。自分のブログで事前に、「事実無根の書き込みがあったから、ＩＰアドレスを特定してもらうぞ」と宣言してても良い。そこで、書き込みを削除してもらえれば、問題は解決する。両親や弁護士に相談して

も良い。

オープンなネット上での悪口についてはどうか。例えば、2ちゃんねる（現・5ちゃんねる）のような。

この場合は、堂々と攻撃に出れば良い。一番良いのは、管理者に依頼して、書き込みの主体を特定してもらうことである。

匿名者は臆病だ。実名をバラされるのをもっとも嫌う。「発信者情報開示請求」という手続きを取れば良い。

ラインだって、外した当事者を見つけ出すのは容易なことだろう。

防犯カメラやドライブレコーダーが普及して、街での犯罪行為やあおり運転、乱暴な行為、犯罪行為の犯人が特定しやすくなっている。テクノロジーは活用するのが一番だ。

どうでもよい相手はブロックし、無視して「なかったことにする」。無視できない相手の場合は逆に徹底的に戦い、「なかったことにはしない」。この2つの、一見、相反する対応が、ネット上の「いじめ」には効果的である。どちらの戦術がより効果的かは、ケースバイケースであろう。

ツイッターやフェイスブック、ラインといったソーシャル・メディアで、いじめやヘイトといった悪辣な行為をする人物は、技術の力で本人を特定し、処罰できるようなシステムを活用するのが一番だと思う。

そして、おそらくは社会は、そのような方向に進んでいくはずだ。今、平気でツイッターや2ちゃんねる、ラインであくどいいじめ行為を行なっている人たちも、すぐにそんなことができなくなるだろう。防犯カメラやドライブレコーダーが犯罪やあおり運転を減らすのと同じように。

技術の問題は技術に解決させるのが一番なのである。

普通の人でも非道になれる——アイヒマンテスト

アイヒマンテストという有名な実験がある。ミルグラム実験ともいう。アメリカの心理学者ミルグラムが行なった、心理実験だ。

自分の判断で、他者に電気ショックが施される。その電気ショックの電圧が上げられていく。実際には「電気ショック」は嘘で、被験者はサクラだ。つまり、電気ショックで苦しんでいる演技をしているだけだ。しかし、電気ショックを行なう方の被験者（実験に参加する人）には、そのことは知らされていない。

普通に考えると、このような非道な行為は「普通の人」には耐えられない。すぐに止めてしまうだろうと考える。

ところが、この実験に参加した人の多くは、どんどん電気ショックの電圧を上げていった。サクラが絶叫しても、実験を、電気ショックを止めなかったのだ。そこらにいる普通の人なのに。

この実験は衝撃的であった。悪辣非道な行為を行なうのは、悪辣非道な魂ではない。普通の人も、条件さえ整えば、いくらでも下劣に、残酷になれることが分かったのだ。

さて、名前の由来になったアイヒマンについて説明したい。

アイヒマンテストのアイヒマンとは、ナチス・ドイツの親衛隊将校で、ホロコーストに関与し、大量のユダヤ人殺戮《さつりく》に参画したアドルフ・アイヒマンのことだ。哲学者であり、自らもユダヤ人であるハンナ・アーレントが、戦後の裁判記録を『エルサレムのアイヒマン』にまとめて有名になった。

ちなみにアーレントは、やはり哲学者のマルティン・ハイデガーの恋人であったが、ハイデガー自身はナチス・ドイツに協力的だった。

事実よりも「立場」「物語」を大事にすることの危険――アーレントの苦悩

アーレントが描写するアイヒマンは、何百万ものユダヤ人を虐殺せしめた狂気の殺人鬼、「怪物（モンスター）」ではない。むしろ、アーレントはアイヒマンを「普通の人間」として描写している。

彼は組織力と交渉能力にこそ優れてはいたものの、決して残忍だったり獰猛《どうもう》だったり、暴力的だったりしたわけではない。カリスマ性があったり、抜群のリーダーシップを発揮して虐殺を誘導したわけでもない。非常に小心で、小役人のように上の命令に従い、淡々と殺人を遂行させただけなのだ（彼自身は殺人に直接は手を染めていない、と主張している）。

アイヒマンは直接、ユダヤ人を殺したりはしない。それどころか、ガス室に送られたユダヤ人の死骸を見て「膝ががくがくし」ていた。当時としては上の命令に背くことなどとてもできなかったのだ。アイヒマンはそう述べて、自らに非がないことを主張していた。

要するに、自分は当時のナチス・ドイツの「ルール」と「命令」に従っただけなのだ。命令が正しいかどうかは別にして、命令に従うのは間違ってはいない。イマヌエル・カントの「定言命法」はそう説いているではないか。アイヒマンはそのように、自分の正しさを主張した。驚くことにアイヒマンは、カントの『実践理性批判』を読んでいたらしい。自分は

「みずからの行為の主」ではない、というわけだ。

実際にはカントは、定言命法で、盲目的な服従を肯定したわけではなく、むしろ人間の判断能力に信頼をおいた形で定言命法を提唱した。アイヒマンにおけるカントの定言命法は、完全な誤用であった。そうハンナ・アーレントは主張している。

逃亡先のアルゼンチンでモサド（イスラエル諜報特務庁）に連行され、イスラエルの裁判所で死刑判決を受けたアイヒマンは、1961年に処刑された。

ハンナ・アーレントはアイヒマンを、悪辣非道な人間ではなく、「どこにでもいる普通の人間である。彼の思考停止が悪行の原因なのだ」と看破した。このことが、アーレントの同胞のユダヤ人たちを激怒させたという。ナチス・ドイツに肩入れするのか、というわけだ。

アーレントの理路はこうである。

ユダヤ人である、という理由だけでたくさんの人を強制収容所に入れて虐殺するのは悪である。であるならば、自分がユダヤ人である、という理由で、平凡な人物アイヒマンを悪魔的人物に捏造《ねつぞう》するのもまた悪である。

アーレントはアイヒマンに肩入れしたのではなく、理解しようとしたのだ。理解しなければ、悪の根拠が分からないからだ。映画『ハンナ・アーレント』（2012年）に、彼女の困難と苦悩がよく描写されている。

アーレントは、ユダヤ人という「立場」ではなく、ナチス・ドイツの虐殺という「事実」（＝ファクト）を重視し、その正体を突き止めようとした。しかし、彼女の友人たちである多くのユダヤ人は、ユダヤ人であるという「立場」から、ナチス・ドイツを悪魔にしなければ気がすまなかった。事実よりも「物語」を大事にしたのである。

そういえば、キリスト教にしろ、ユダヤ教にしろ、ほとんど全ての宗教は、「物語」なのだ。神がアブラハムの子孫に「約束の土地」を与える、などというのは、典型的な宗教の『物語性』である。

人間は何事にも慣れる存在だ——どんな人でもいじめに関わる可能性はある

虐待を行なう親。暴力をふるう夫。あおり運転を行なうドライバー。

我々はこうした事件が報道されるたび、犯人が逮捕されるたびに、こうした「異常な」行為は、異常な人物が行なっていると信じ込もうとする。メディアはこぞって近所を取材し、犯人が普段からいかに異常で特殊な「変人」、あるいは「狂人」であったか、物語＝ストーリーを仕立て上げようとする。

しかし、アイヒマンテストが示すように、異常な行為を行なうのに異常な人物である必要はない。普通の人も、いくらでも異常になれるのだ。どんな親でも、子供の虐待に至る可能性がある。だから怖いのだ。叱責が、怒鳴り声が、平手打ちが、エスカレートして虐待に転じる。少しずつ転じる。我々は常に、虐待などの悪行の可能性を内部に抱いている存在だ。悪行は自覚的に、一所懸命、各人が防止せねばならないのである。

映画で有名なマーガレット・ミッチェルの『風と共に去りぬ』は、南北戦争前後の南部アメリカを描写したスケールの大きな小説だ。この作品は登場人物の多くが、黒人への暴力行為や差別で悪名の高いクー・クラックス・クラン（ＫＫＫ）のメンバーであった。ミッチェルの小説に登場するＫＫＫのメンバーたちは、ごく普通の人として描写されている。ミッチェルはそのため、「ＫＫＫや黒人差別を正当化している、美化している」と非難されたらしい。

ぼくの意見は異なる。そうやってミッチェルを非難する人たちは、ＫＫＫを「異常者の集団」に仕立て上げたいのだ。そう願い、欲望したのだ。悪辣なる集団、ＫＫＫという「物語」を作るために。「叩いてもいい相手」に仕立て上げるために。

事実はおそらく異なる。ＫＫＫのメンバーであっても、たいていは普通の市民なのだ。怖いのは、普通の市民なのにもかかわらず、えげつない差別や暴力を平気で行なう集団に転化してしまう可能性にある。その「事実」を直視したのがミッチェルで、直視できない人は作品を「政治的に正しくない」と批判したがるのである。

いじめについても同様だ。どんな普通の人でも、えげつないいじめ行為を平気で行なう。だから怖いのだ。いじめは徹底的に、構造的に対峙しないとだめなのだ。「異常ないじめっ子」にその責任を追及しても、収まらない。

5. いじめ・差別対策に必要な、ビジョンとゴール

いじめ認定の問題――「いじめ防止対策推進法」の無力

先に、バクタという抗生物質を取り上げた際に、「騒がないと動かない」厚生労働省の役人体質を批判した。

「騒がないと、動かない」。この行政の事なかれ主義は、中央のみならず、地方行政にも認められる。

例えば、いじめを原因とする自殺認定だ。

いじめによる自殺はあとを絶たない。しかし、学校でのいじめが原因であると認定されないケースが多い。

２０１４年８月20日に自殺した、高校２年生だった田中拓海さん（享年15）も、その一人だ。彼は鹿児島市の高校に通っていたが、学校でいじめにあい、それが原因で自殺した。田中さんが通っていた高校は、彼が自殺したあと、基本的な調査を行なった。そして、学校では問題は見当たらないと結論づけた。

しかし学校は、生徒や家族からほとんど話を聞くことなく、教員への聞き取りだけで結論を出していたのだ（＊15）。

２０１５年３月、母親の依頼を受け、ようやく同校は生徒にアンケートを実施した。「かばんに納豆を入れられていたというのを聞いた」「スリッパを隠されていた」「葬式のトイレで、『ばれたらやばくない』と話しているのを聞いた」などと、いじめを示唆する記述がそこにはあったという。

しかし、県教育委員会が設置したいじめ調査委員会は、２０１７年３月、「いじめがあったとは断定できない」と、高校の調査と同様の結論をつけた（＊16）。田中さんは亡くなる直前、母親に黙って学校を無断で休んでいた。そのことも学校は母親には知らせなかった。母親がそれを知ったのは、県の調査委員会が調査内容を開示したときだった（前掲＊15）。

田中さんの母親はやはり納得できず、母親はメディアに、自殺した田中拓海さんの実名と写真を公表した。社会に問題提起したのだ。

要請を受けた鹿児島県は、知事部局で、メンバーを変えての第三者委員会を設置した。第三者委員会は、今回は誠実に対応した。過去の県の調査委員会は、たった3人の生徒にしか聞き取り調査を行なっていなかったが、今回は、同じ高校の生徒18人と、中学時代の友人にも聞き取りを行なった。そして、最初の調査委員会の結論を覆し、いじめの存在を認定したのだ。田中さんの死から4年7カ月が経過していた。

止まらない、いじめによる自殺

報道によると、田中さんの母親は、いじめの認定までの4年7カ月の間、膨大なメールや文書の作成に忙殺されたという。

行政文書作成の素人である母親に、4年以上もの作業を強いなければ、いじめを認定しない。息子を突然失った母親に対する、これが学校や自治体の仕打ちだろうか。セカンド・レイプという言葉があるが、これこそまさに、母親に対する「セカンド・いじめ」ではないだろうか。

「いじめ防止対策推進法」が施行されたのが、2013年6月28日である。

しかし、この法律があっても、いじめの被害者たちも、その家族も、守られていない事実が、本件から明らかになった。

2014年5月、岩手県滝沢市の当時中学2年生だった男子が、いじめを理由に自殺した。

2015年7月、やはり岩手県矢巾《やはば》町の中学2年生男子が自殺した。部活動やクラスでいじめを受けていたという（＊17）（＊18）。

2015年11月、茨城県取手市で、当時中学3年生だった女子が自殺した。日記には「いじめられたくない」などと書かれていた。しかし、取手市教育委員会は、自殺は「いじめによる重大事態に該当しない」と判断した。いじめの存在を認めたのは2017年5月のことである（＊19）。

2016年7月、山口県周南市で高校2年生男子が自殺した。いじめを苦にしていたという（＊20）。

2016年8月、青森県東北町の中学1年生男子が、いじめ被害を訴えるメモを残して自殺した。自殺の3カ月前、中学校は全生徒を対象にいじめに関するアンケートを行なっていたが、その回答は破棄されていた（＊21）。

２０１７年４月、宮城県仙台市の中学２年生男子がいじめを理由に自殺した。このときは教諭の体罰があったことも報じられた。仙台市では２０１４年と２０１６年にも、中学生がいじめを受けたあとに自殺している（＊22）。

２０１７年５月、埼玉県川口市の中学３年生女子が自殺した。当初、学校は「いじめがない」と認識していたが、保護者の訴えを受けて市教育委員会が、いじめの有無を調査することに決めたという（＊23）。

２０１７年11月、埼玉県鶴ヶ島市の小学６年生女児が死亡、自殺と見られている。やはり学校でいじめられていたという（＊24）。

２０１７年２月には、神戸市の高校２年生女子が飛び降り自殺未遂をしていた。いじめが日常的に行なわれていた（＊25）。

ぼくたちはいつまで、このような悲劇を繰り返し聞かねばならないのだろう。なぜ、若い命がいじめなどという卑怯な行為のために失われねばならないのか。

いじめ対策に役に立たない「対策法」

先述のように、「いじめ防止対策推進法」は2013年に施行された。本法は、2011年の大津市の中学生自殺事件を契機に法案が検討され、可決成立した。参議院議員の小西洋之氏によると、「世界で最も充実した対策法」なのだそうだ。教育評論家の尾木直樹氏も、本法を高く評価している。

この法律は、子供がいじめを行なってはいけない、といじめを禁止している（第四条）。そして、国や地方公共団体、学校の設立者、学校、そして教職員、さらに保護者に、いじめ防止措置をとる責務を課している（同第五条〜九条）。そして、必要な会合を開いたり、組織を作ったり、研修を課したりしている。

しかし、いじめを止めるための具体的な方法はここにはない。いじめ行為に対する罰則規定もない。いじめを看過した場合の、教員やその他大人たちへの罰則規定もない。要するに、「手続き」だけである。

また、自殺、自殺未遂など「重大事態」対応にも問題が残る。

なぜなら、この「重大事態」は、「いじめによる」事態と定義されているからだ。ならば、「いじめによる」と認知、認定されなければ報告されず、対応もとられない。

「いじめ」の定義の問題は、いじめ否認の問題と裏腹だが、要するに、現行の法律には抜け穴がありすぎて、とてもいじめ対策に実効的とは思えない。事実、繰り返し繰り返しいじめは起こり、自殺や自殺未遂事件があとを絶たない。

いじめの加害者についても、「懲戒」の規定はあるが、あくまでも「教育上必要があると認めるとき」（第二十五条）である。「教育上の必要」などは、なんとでも言い抜けられる空文だとぼくは思う。

だから、いじめは止まらない。法律施行の2013年以降も、前述のような悲劇が繰り返されている。自殺者だけでもこれだけいるのだ。自殺に至らず、いじめに苦しんでいる子供たちは、もっともっとたくさんいるに違いない。

結局、いじめ防止対策推進法が施行されても、いじめは止まらない。いじめによる自殺も止まらない。

この法律は決定的ないじめの抑止力になっていないのだ。

破棄されたアンケート——真実より証拠隠滅

いや、下手に法律などができてしまったがゆえに、学校や教師はむしろ、いじめを「なかったこと」にすべく、隠蔽に走る強いインセンティブができてしまったかもしれない。

前述のように、青森県東北町での自殺では、事前にいじめに関するアンケートを取っていたのに、そのアンケートは破棄されてしまっていた。

この手の証拠隠滅は、教育現場、国会・官庁など、日本社会のあちこちに見られる普遍的な現象だ。要するに、真実なんてどうでもいい。自分に都合の良いように真実を捻《ね》じ曲げたってかまわないという不誠実な態度だ。いじめの克服なんて、とても期待できたものではない。

法律は我々をいじめから守ってくれない。そう覚悟すべきだ。

不登校が続くと、教育委員会への報告マターになる。責任を取りたくない現場は、「不登校」を回避するために、転校をやんわりと促したりするのだそうだ（栗岡まゆみ著『いじめゼロを目指して』）。

しかも、報道されているこうしたケースは、氷山の一角に過ぎない。同じように苦しんでいる家族は多いだろう。泣き寝入りして諦めている人も多いのではないか。

母親が子供の実名や写真をメディアに公開し、プライバシーをあえて侵害されるリスクを冒し、「世間が騒がないと」行政は動いてくれない。

なぜ、ここまで個々人が肉体的、精神的に消耗しないと、対応してくれないのだろうか。騒がないと、動かない。空気を作らないと、動かない。ファクトよりも「空気」、の日本の行政や教育現場の態度が、ここから明らかである。

ぼくが日本化学療法学会大会長から「書籍販売禁止」というハラスメントを受けたときも、最初の学会の対応はずさんだった。

学会は当の大会長に話を聞き、「特に悪気はなかった」という「本人の」コメントを受けて、この問題は大会長個人が勝手にやったことで、学会は一切関係ないと結論づけた。学会は関係者の聞き取りもせず、ぼく本人からの聞き取りすらせず、単に加害者本人のコメントだけで結論をつけたのだ。ぼくが「そんなやつ（当人）の言うことなど信用できるわけがない。当人からの聞き取りで済まそうという日本化学療法学会も、悪いけど信用できない。第三者委員会で調査してほしい」と要望し、やっと調査がなされたのだ。

「事実」から目を背ければ「再発」もない

田中拓海さんの自殺を矮小化しようとし、いじめの存在を認定しようとしなかった、鹿児島県教育委員会の教育長は、第三者委員会によるいじめ認定を受けて、田中さんの自宅を訪問した。

「重大な事態を防げなかったことを心よりおわび申し上げたい」と、わずか数十秒のことばを述べて押し黙ったという。「それで、きょうは終わりですか？」たまらず代理人の弁護士が問いかけると、「報告書を真摯に受け止めて再発防止に取り組みたい」と述べたそうだ（前掲＊15）。

ぼくはこのやり取りを聞いて、「ああ、これじゃだめだな」と思った。

ぼくは病院内の感染対策の仕事もやっているが、病院長たちにいつもお願いすることは、「二度とこのようなことは繰り返しません」という言い方をしてはいけない、ということだ。

病院は病人で満ちている。当たり前だ。病人は健康な人よりも感染リスクが高く、病人が病院で治療を受けている限り、一定のリスクで感染症は起きる。必ず起きる。それは、徹底的に対策をとっても「ゼロ」にはできない。

いや、「ゼロ」にする方法はある。認識しなければよいのだ。感染症ではなく、「謎の発熱」「謎の急変」にしてしまい、感染症診断に必要な検査をサボり、「なかったこと」にすれば、院内感染はゼロにできる。

「うちでは、感染症の問題は起きてませんよ」という病院が、一番「やばい」病院なのだ。

ゼロリスクの希求はゼロリスクを欲望させ、幻想的な（実在しない）ゼロリスクを捏造する。

いじめも同様である。

現実を直視しようとしない「事なかれ主義」な集団が「再発防止に取り組む」場合、一番簡単なのは、「再発はなかった」と繰り返すことである。要するに、また事実の隠蔽、歪曲《わいきょく》、看過である。

あれはいじめではなく、ふざけていただけだ。遊んでいただけだ。学校内で問題は起きていなかった。そうやって「事実」から目を背けていれば、「再発」はない。

だから、大切なのは、「二度と同じようなことは繰り返しません」というスローガン的なその場しのぎの言い逃れではない。必要なのは「今度から、ちゃんと現実、事実から目をそらさず、自分に都合の悪い現実を直視します」という、より厳しい宣言なのである。

いじめこそが、自殺の原因だ

メディアが騒ぎ、空気が醸造されないと、動かない、動こうとしない事なかれ主義。

このようなエートスがある限り、どんなに法律が整備されようが、なんとか調査委員会が設置されようが、いじめの被害はなくならないし、自殺の被害は続くだろう。

厚生労働省の自殺白書によると、15歳から39歳の死因のトップは自殺である（＊26）。しかも、死亡率は10万人あたり18・1と非常に高い。単に「日本は交通事故死や銃による死亡が少ないから自殺がスタンドアウトしてる（目立っている）だけ」ではないのだ。

大人の社会がもろにいじめ社会なのに、子供の陰湿ないじめがなくなるわけがないのだ。

若者の自殺はいじめを原因とすることが多い。

文部科学省の調査だと、いじめが自殺の原因になるのは2％未満なのだそうだが（＊27）、これは真っ赤な間違いである。この調査には、以下の文言がある。

文部科学省においては、平成23年6月1日より、児童生徒の自殺の背景となった可能性のある事実関係に関するできる限り正確なデータをより多く収集・分析し、子供の自殺対策に資するため、「児童生徒の自殺等に関する実態調査」を継続的に実施している

が、この調査の対象は「学校の管理職が、自殺であると判断したもの及び自殺である可能性が否定できないと判断したもの」である。事なかれ主義の学校管理職が、わざわざ上役である文科省に、「うちにはこんなに自殺や自殺可能性者がいましたよ」なんて自己申告する

わけがない。文科省もそれに気づかないとしたら、よほど胡乱《うろん》な連中である。

もちろん、文科省だって、調査方法の瑕疵《かし》には気がついていたに決まっている。

彼らは、本気の本気で現場の実態を知りたいわけではないのだ。「正確なデータ」にも興味がないのだ。

定型的に調査依頼を出し、管理者は文科省の依頼を受けて、粛々とそれっぽいデータを回答する。これをまとめて報告書にする。「お役所仕事」のできあがりである。

日本財団が「若者を」対象にした調査によると、18～22歳の若年層の30％が、自殺念慮を持ったことがあるという。自殺念慮とは、「本気で自殺したいと考えたことがある」ということだ。

そして、自殺未遂経験は、男性の9％、女性の13％にあった。(当然のことながら) このアンケートには、自殺遂行者は回答していない。自殺企図者 (自殺しようとした人) はもっといたのかもしれない。

そして、自殺念慮の最大の原因は、いじめである。自殺念慮の最大の理由は「学校問題」であり、そのうち約半数が「いじめ」問題であった (＊28)。

タイムリーないじめの認知が不可欠

日本における若者の自殺は由々しき問題である。OECD加盟国内で見ると、日本の15～19歳男子の自殺率は、人口10万人あたり9・75と、OECD平均9・38を超える。女子も5・67と、平均の3・69以上だ（＊29）。マオリ族のような極端に自殺率の高いグループを有するニュージーランドのような国（男子の自殺率は22・30）などに比べればずっとよいが、やはり日本の若者の自殺問題は国際的にも看過できないレベルと言える。

その自殺の最大の原因は、学校でのいじめである。そのいじめを、学校も教育委員会も、文部科学省も認知しようとしない。

「皆が騒いでいない」間は、絶対に騒がない。メディアが騒ぎ、空気が醸造されて、初めて動く。そうなるまで何年もタフに家族が戦い抜いたときだけ、メディアは騒いでくれる。

家族の消耗、疲弊、犠牲的精神がないと、行政は動かないし、動き出したときには、子供が自殺してからすでに数年が経過している。

そのころには、いじめの加害者たちも、いじめを看過した教師たちも、当時の教育委員会の委員たちも、「もう済んだことだ。騒がないでくれ」という気持ちしか残っていないだろう。なんとしてでもあのとき、いじめをやめるべきだった、止めるべきだった、というエートスは生まれにくいだろう。

むしろ、「あの母親が執念深く騒ぎ続けなければ、こんな大事にならずに済んだのに」と、あらぬ方向に批判がましい視線が向いてしまいかねない。

いじめを防止するためには、いじめによる自殺を防止するためには、タイムリーないじめの認知が不可欠である。「不都合な」事実を直視する勇気が不可欠である。「再発防止に努める」だけでなく、「再発を素早く、誠実に認識し、対応する」覚悟が必要である。

「覚悟」。これこそが、日本のいじめ対策において、もっとも欠落しているミッシングパーツなのである。

ヴィクトール・E・フランクルの「意味のない苦しみ」の苦しみ

フランクルは『夜と霧』を執筆したユダヤ人精神科医だ。第二次世界大戦中にナチス・ドイツによって強制収容所に収容され、生死をさまようような酷い虐待的な収容生活を記述したのが『夜と霧』（みすず書房）だ。

ナチスはフランクルたちを「ユダヤ人である」という理由だけで捕らえ、強制収容所に収監し、過酷な生活を強制し、多くを殺した。少なくとも１２００万人の人たちが、ナチスのために強制収容所生活を強いられ、800万人が死亡したと言われている。

フランクルは大戦中に、たくさんの家族も強制収容所で失っている。フランクルとその妻、フランクルの両親は、当時チェコスロバキアにあったテレージエンシュタット収容所に送られた。父親はそこで餓死した。

2年後、フランクルは、悪名高いポーランドのアウシュヴィッツ収容所に送られた。妻も一緒だった。

フランクルは3日間アウシュヴィッツにいただけで、ダッハウというドイツの収容所に移された。やはり別の収容所にうつされた妻は、そこで殺された。母親と兄は、アウシュヴィッツで死亡した。

家族の多くが死亡する中、フランクルは生き延びたのだ。フランクルが勾留されたのが1942年9月、解放されたのが1945年4月。3年近い過酷な生活だった。

数ある強制収容所のなかでも、特にガス室での毒殺などで死亡率が高かったのがアウシュヴィッツだ。95%がガス室で殺されたというから、ここで数日しか過ごさなかったフランクルは非常に幸運だった。

極限状態に置かれた収容者たちがどうなるか。精神科医のフランクルは冷静に観察した。

彼によると、多くの人が、「無感動」「無感覚」「無関心」の状態になったという。極限状態では、感情を持つことがリスクなのだ。どんなことにも驚かない、嘆かない、怒らない、悲しまないのが、自身に対する防衛策だ。収容所で生き抜くための知恵である。感情の消滅、アパシー（無気力状態）である。

これはまさに「いじめられっ子」の知恵と言えよう。

いじめられっ子はいじめにあううちに、怒りもせず、嘆きもせず、いじめという行為にもなんの感情も出さずに、あるいはヘラヘラとふざけ半分で笑顔すら見せて、そのいじめを「通り過ぎさせようと」する。ぼく自身が子供のとき、そうだったから、よく分かる。怒ったり泣いたりすれば、いじめっ子は喜ぶか、あるいはいじめをエスカレートさせるだけなのだ。

こうやって収容所の囚人たちは、感情を鈍麻《どんま》させていく。フランクルはこれを「心の装《そう》甲《こう》」とよぶ。

多くの人が死んでいく強制収容所で、生き延びた人たちと死んでいった人たちを分けた大きな要素に、「未来への希望」の有無があった。希望を失った人たちの多くは自殺した。

多くのいじめられっ子が自殺を選択するのも、まさに未来への希望の喪失、絶望のためである。

いじめの苦悩には、なんの意味もない

ちなみにフランクルは、その過酷な強制収容所生活から得た教訓をもとに、「苦悩にも意味がある」「苦悩の先にこそ光がある」「人生に生きる意味を問い求める必要はなく、人間が人生から生きる意味を問われているのだ」「人生はけっしてあなたに絶望しない」「それでも人生にイエスと言う」といった、逆境を克服するための非常に重要なメッセージを送り続けた。

が、本書では、こうしたフランクルの哲学を論じることはしない。もちろん、フランクルの『夜と霧』から救いを得る人は多いと思うから、そういう人はぜひ読んでいただければ良いと思うが、フランクルの思想はあまりに厳しい。

「苦悩の先にこそ光がある」。多くの人は彼のメッセージに、「勘弁してくれよ」と思うのではないか。苦悩は、ないほうがよい。ぼくはそう思う。

ただ、これだけは言っておきたい。いじめは絶対に克服できる。そして克服すべきだ。克服できたときの「いじめ体験」には、価値が生まれる。自分が乗り越えた苦悩が、自分に価

値を与えてくれるだろう。

そういう意味では、「苦悩の先に光がある」のは、事実だ。

しかし、それはあくまでも、いじめを乗り越えたあとの話だ。要するに、克服者という勝ち組だけが体験できる話であり、いじめの渦中にあるなかでの苦悩は、ただの苦悩に他ならない。そのような苦悩にはなんの意味もない。フランクルはどう言うか知らないが、少なくともぼくはそう思う。

「苦労にも意味がある」とか言う連中を信じてはいけない。そういう輩は、シゴキやいじめや虐待を正当化しているに過ぎないことがほとんどなのだ（典型例は、学校の部活動だ）。

ただ、フランクルの言葉には、いろいろ考えさせられることがある。特に「苦悩の意味」については参考になる。

彼は哲学者のニーチェの言葉を引用してこう言う。「苦悩そのものが問題なのではない。『何のために苦悩するのか』という叫びに対する答えのないことが問題なのである」と。

これは非常に重たい言葉だ。

いじめにはほとんど理由がない。理由っぽいものをつけてみても、実はそれは本質的な理由ではない。性別、国籍、民族、肌の色、背格好、学校の成績などなど。どれをとっても

「いじめ」の根拠として正当化できるものはない。

よって、いじめに「苦悩の意味」は与えられない。無理やりこじつけることができるだけで、それはそれで苦しい。

例えば、外国人であることを理由にいじめられ、外国人であることを苦悩したからといって何かの救いがあるわけではない。その「理由」らしきものは理不尽な理由であり、よって『何のために苦悩するのか』の本質的な答えになっていないからだ。ユダヤ人であるという理由で迫害を受けたフランクルのように。

いじめに本質的な意味なんてない。また、そこに無理やり意味を見出しても、自分の属する属性――性別や国籍などなど――を貶《おとし》めるだけで、それはそれで惨《みじ》めな気持ちになるだけだし、場合によっては他人への不要な恨みすら生んでしまう。例えば、両親とか。

いじめられた理由は両親にはない。よって両親を恨むのは筋違いだ。もし、恨むとすれば、それはいじめっ子に対してだけだ。

それはそうと、本書に参考文献として取り上げた『NHK「100分de名著」ブックス フランクル 夜と霧』（NHK出版）は強くおすすめしたい。薄くて簡単に読めるし、フランクルの思想や生涯を短時間で理解できる。

巻末にある姜尚中《カンサンジュン》氏の寄稿が素晴らしい。在日朝鮮人の姜氏は、「在日である」という、これまた理不尽な理由で、多くの苦労を味わってきたのだが、息子さんが自死するというこれまた非常につらい体験をしている。自殺する側もつらいが、子供に自殺されるのはもっと苦痛なのかもしれない。そういう意味でも、ぜひ一度読んでみてほしいのだ。

残念な差別用語ぎめ

日本学術会議が、遺伝子の「優性、劣性」を「一方が劣っているかのような誤解を与える」という理由で「顕性《けんせい》」「潜性《せんせい》」に変えるよう提案している。

この手の短見は、昔から非常に多い。つまらぬことだと思う。

「一方が劣っているかのような誤解」を訴える諸氏に問いたい。「劣性」という遺伝子の呼称を根拠に「劣っている」と罵《ののし》られて、なんらかの実害を被った方がどのくらいいるのだろうか。単なる懸念、脳内の妄想、机上の空論とでもいうべきではないのか。

日本「学術」会議というくらいなのだから、そのくらいの基礎データはちゃんととってから、この「頭の中」の懸念のリアリティを吟味すべきではないのか。

昔、ぼくが文章で「子供」という言葉を使ったら、「供」という漢字に差別的な意味があるから「子ども」と書くべきだと意見した人物がいた。その人物は当然大人である。もし、子供という漢字を見て、その差別性を苦痛に感じ、ひどい目にあった子供が実際にいたら、ぼくはその子に平謝りに謝って、表記を改めることだろう。

しかし、そのような苦情を子供から受けたことは一度もない。こういうことを言うのは決まって、重箱の隅をつついていい気になっている大人だけなのである。

コトバは記号に過ぎない。その使い方がインプライ（ほのめかし）するものだけが、差別性を決定する。その表現型「そのもの」に差別性はない。そこに差別性を感じた人物自身が、内的に差別感情を内包している可能性はあるけれど。

「優性、劣性」と聞いても、ぼくはメンデルの豆とか染色体をまず想起する。たいていの人はこのくらいのイメージだろう。医療者なら、常染色体優性遺伝の疾患のほうが臨床的インパクトが強いなあ、とは思うかもしれない。劣性遺伝だから劣っている、などとは露《つゆ》ほどにも思わないはずだ。

要は、「優性、劣性」というのは、我々的には「ユーセー、レッセー」という記号に過ぎないのだ。なんなら、「You say, Let's say」とラップ調に表記を変えようと日本学術会議が提案したのなら、少しはジョークを理解する、洒脱《しやだつ》な人たちだ、とはぼくは思ったであろう。ケンセイ、センセイでは、現場レベルの聞き間違いによる「誤解」で、実害を被る可能性が高いはずだ。

花王は、職場での働き方改革や家事の分担をテーマにした「#BeWHITE」と名付けた取り組みを一時休止し、ネット上に開設したサイトを閉鎖したという。「ホワイト」の表現が「肌の色を連想させ、肯定する表現が人種差別に当たる」との理由だという。

世のホワイトさんやブラックさんは、さぞ困惑したことであろう。

ならば、(この手の言葉狩りがわりと盛んな)英国で開催されるテニスのウィンブルドン大会も、白いウェアだけというルールは人種差別を想起させるから(まさに)玉虫色にしてはどうかと提案し、葬儀のときの黒装束も、黒人差別のメタファー(かもしれない)から、レインボーカラーでやってはどうかと提案してはどうだろう。

言葉は、使い方だけが差別性を持つ

この話は別のところでも何度もしているが、もう一度本書でも紹介したい。

黒人差別問題で活躍したマーティン・ルーサー・キング牧師。彼のスピーチを聞くと、自分たちを「ニグロ」と称しているのだ。有名な「I have a dream」のスピーチもそうだ。(YouTubeで動画を見ることができる。〔日本語字幕付き　＊30〕)。

彼に横から、「キングさん、キングさん、『ニグロ』は差別語ですよ」と注進し、そのスピーチを放送するとき、放送局が「ピー」と音をかぶせて放送禁止用語扱いにしたら、噴飯ものであろう。

「ニグロ」という単語は記号に過ぎない。使い方だけが差別性を醸し出すのだ。

２０１９年、中日ドラゴンズの応援曲に「お前」と入っているから、応援団が使用自粛を要請されたそうだが、これも記号たるコトバの重箱の隅をつついているだけの、つまらない話だ（＊31）。

「お前」が元来は尊敬語だとか、そういう語源物語を展開したいのではない。語源なんてどうでもいい。今使われている言葉の意味だけが、コトバの意味だからだ。語源主義者は、本当に語源ベースでコミュニケーションをとりたいのなら、目上の方に「お前」とか「貴様」と言っていればいい。

そうではなく、応援団が曲に乗せて「お前」と言ったとき、本当にそれが選手に対する侮蔑や差別の意味を込めていると信じたのだろうか。

もし、本気でそう信じているのであれば、そうとうコミュニケーション能力が失調している。ファンがそんなことをするわけないからだ。

上記の「優性、劣性」問題や、「ホワイト」問題などは全て、コミュニケーション能力の著しい欠如を原因とした問題なのである。

コトバの使い方であれば、もっとリアルな問題にメスを入れてほしいとぼくは思う。

先日、伊丹空港から秋田に出張したが、初老の男性が、若い女性の空港職員を、つまらぬ問題で怒鳴りつけていた。「俺様はお前を公の場で怒鳴りつけても許される立場の人間だ」という態度を顕《あらわ》にしていた。

特権的な立場がある、と信じ込んで、それを態度に示すのが差別である。こういう場所で年齢性別関係なく「お願いします」「ありがとうございます」「すみません」というコトバを使えない中高年男性は、非常に多い（中高年の女性にも少なからずいる）。

これが、リアルな差別だ。真に問題視すべき、コトバの使い方の問題だ。

日本学術会議のメンバーの皆さんは、空港や新幹線やお店で、こういう態度、とっていませんか？　胸に手を当てて一度考えてみてほしい。

秘匿や保護は過渡期のもの——止まっていてはだめ

エイズは1981年にアメリカで発見された病気だ。発見当時のアメリカは大パニックに陥ったという。

アメリカ人はパニックに弱い。ぼくは2001年9月11日には、ニューヨークの病院で仕事をしていたから、その後のパニックと、無意味なイラク戦争への突入の空気を、肌で知っている。

だから、1981年当時も、エイズパニックでえらい騒ぎであったであろうことは、容易に想像できる（＊32）。

ぼくがニューヨークのエイズクリニックにいた2000年前後には、さすがにこのようなパニックはなくなっていたが、患者への偏見、差別はまだ大きかった。患者への差別を恐れて、このクリニックには、エイズクリニックとかHIVクリニックとかではなく、別の名前がついていた。患者のプライバシーを守るのには最大限の注意が必要だった。

現在でも国内外で、HIVやエイズには差別や偏見がつきまとう。家族関係が脅かされたり、雇用が危うくされる事例も珍しくない。我々は患者の個人情報に配慮し、厳密な情報管理を行なっている。

が、しかし。このような秘匿《ひとく》、囲い込みは、問題のゴールにはならない。日本ではエイズ診療の専門性が高い「拠点病院」というシステムがある。しかし、劇的に患者の予後が改善し、（長命になったがゆえに）患者がエイズ以外の病気になることが増えた。様々な医療ニーズに応えるためには、拠点病院だけではまかないきれない。

しかし、拠点病院以外の医療機関では、現在でも頑《かたく》なに患者の受け入れを拒むところがあとを絶たない。兵庫県内の某病院で、某外科医がＨＩＶ感染のある患者の緊急手術を頑なに拒んだとき、ぼくは激怒したものだ。

秘匿は無理解につながり、無理解はさらなる差別の深化を生む。患者の保護は大切だが、それだけではだめだ。

例えば、約10年前に神戸大学病院では、ＨＩＶ検査の「同意書」を廃止した。

もちろん、ＨＩＶ検査に同意は必要だ。しかし、他の血液検査は口頭での同意でよいのに、ＨＩＶ検査だけ署名が必要というのは、別な種類の差別であろう。極端な差別とパニックが強かった時代ならともかく、現在においてはＨＩＶ感染は、「その他の感染の一つに過ぎない」という観念も必要である。そして、それを態度で示すことも。

このように、差別に対しては、秘匿や保護という過渡期は必要だが、そこで止まっていてはダメなのだ。いわゆるノーマライゼーションが必要なのだ。

ゆくゆくは、HIV感染も決して隠しぬくような疾患ではなく、他の疾患と同じように扱ってもらえる。これが目指すべきゴールである。

タブーを共有する意味はない

無知は、差別の温床だ。テレビで日本のタレントが顔を「黒塗り」にしたとき、「あれは黒人の友人とかがいないからそんなことができるんだ。もし知っていたら絶対にそんなことはしない」と憤った人がいる。

それは事実かもしれない。多くの日本人は、「黒塗り」が英米文化圏でのタブーであることを知らなかったのだから。

では、そのような知識の獲得を受けて、日本でも黒塗りをタブーとすべきか。

ぼくは逆だと思う。

かつて、『ちびくろサンボ』という絵本が、黒人差別を助長するという理由で発禁処分にされたことがあった。手塚治虫の漫画も同様の理由で攻撃された。

どこにも黒人差別を明示も暗示もしていないこれらの表現に対する規制は、例えば黒人などを見たことがない多くの日本の子供たちの黒人理解の妨げにこそなれ、理解推進にはなんの役にも立たなかっただろう。

とはいえ、日本人もパニクってばかりではない。その後、理性をもって『ちびくろサンボ』は復刊され、現在では手塚治虫の漫画も読むことができる。これらは黒人差別克服の一助にこそなろうが、邪魔になることはあるまい。

スペイン語で「黒」は「negro（ネグロ）」という。ただそれだけの単語で、黒という色以上の意味はない。もともと「negro」はラテン語由来の、単に色を表す価値中立的な単語である。イタリア語のネッロやフランス語のノアールも同様だ。

英語圏でネグロがタブーとなったのは、その歴史の故である。その歴史を、英語圏以外の人々が認識することの価値は高いだろうが、他者がその歴史を背負ってタブーを共有する意味はない。アメリカ人やイギリス人が、「いやいや、ネグロは黒人差別を象徴する単語だから、そんなの口にしちゃだめですよ」なんて言えば、スペイン人は鼻白み、「そんなの、オタクたちの歴史でしょ」と肩をすくめることだろう。

スペイン人が差別や弾圧の歴史を持たないわけではない。前述のように、大航海時代にはアメリカ大陸でずいぶんひどいことをしている。同時期にポルトガルと一緒に日本人奴隷を売りさばいていたのも、前述のとおりだ。

しかし、スペイン人は、アメリカ人やイギリス人がやったような構造的な黒人差別の歴史を持たない。

黒人を奴隷にし、商品として船に積み込んで苛烈な状況下で移動を強い、乗り物やレストフンや学校を区別し――という、こうした（特にアメリカの）徹底的な差別の歴史が、「negro」をタブーなコトバとしたのだ。

ノーマライゼーション――差別を乗り越えることのゴール

実は日本人も、黒人差別と無縁ではない。２０１５年に曽野綾子氏が行なった黒人蔑視的な発言（後述）を、ぼくは問題視し、批判している。日本人が差別をしない国民だなんていうのも戯言に過ぎず、現在もこの国では、あれやこれやの差別でいっぱいである。

が、たとえ一部の日本人に黒人蔑視の観念があろうと、英語圏で起こった構造的な黒人差別の歴史を共有しているわけではない。その歴史が生み出したタブー表現を共有しなければならない義務もない。

もともと日本では、歌舞伎などに始まり、人が何かに扮するときに顔を塗る習慣がある。白く塗り赤く塗り、そして黒く塗ってきた。そこにはなんの含意も暗示もなく、色はただの色である。スペイン人がネグロと言うのとなんの変わりもない。

英語圏の人で、そのような日本の文化を不愉快に思う人がいたら、(スペイン人がそうするように)ちゃんと説明すればよいのだ。そこには差別の暗示はないのだと。もし、差別表現が実際にあれば、個別にそれを批判すればよい。とんねるずの男性同性愛者差別は、明らかに差別を意図していた。

しかし、暗示のない形式そのものをタブーにすれば、それは『ちびくろサンボ』のときと同じ失敗を繰り返すことになる。

1999年に、ぼくはペルーで熱帯医学の実習を受けていたが、同時期に勉強に来ていたハーバードの医学生の言葉が忘れられない。

彼女は黒人だった。黒人女性がハーバード医学校に入学するのはとても大変なことであり、それはそれは苦労したのだという。

当時、アメリカでは、黒人をブラックと言うのは差別語だと規定し、アフリカン・アメリカンと呼べ、とぼくら研修医に教えていた。これに対し、彼女は「黒い肌を黒と言って何が悪い。それをタブーとする態度が、それこそ差別だ」と憤っていた。

そのとおりだとぼくも思った。日本語で「黄色人種」は単なる人種の分類だが、英語でイエローは差別を暗示するから、「Asian」と言わねばならない。イエローが悪いからではなく、黄色人種差別があるから、イエローがタブーになるのだ。順序を逆にしてはならない。

我々が目指すべきは、黒が差別を暗示しない社会を目指すことだ。黒色のノーマライゼーションである。なぜ黒塗りが差別を暗示しない文化圏で、差別のタブーの文化を押し広げようとするのか。

逆ではないか。未来の、我々の子孫が、黒い顔を見ても何も差別の観念を持たないような社会を目指すこと。白塗りはいいけど、黒塗りはだめ。「黒」と口にしてはダメ、という社会を乗り越えることこそが、差別を乗り越えるゴールである。

繰り返すが、差別克服には過程というものが必要だ。「黒」が差別をインプライする英語圏で、いきなり全てをノーマライズせよ、と主張しているのではない。英語圏に出かけていって、わざわざ黒塗りを見せるような無配慮なことをせよ、と乱暴を言っているのでもない。言いたいのは、差別のインプリケーション（含意）は、広げるのではなく、なくす方向に持っていくのが、あるべき姿だということだ。タブーを拡散していくなど、ゴールを見失った態度である。

過去の解説や現状説明で、本件を取り扱ってはならない。未来へのビジョンこそが必要なのである。

そして日本の諸々の議論の多くは、ビジョンを欠いている。しばしばあるのは、現状の説明だけなのである。

妄言は断固として否定・拒否すべきだ

ここで、さきほど触れた、曽野綾子氏の黒人蔑視的発言について、ぼくのブログ「楽園はこちら側」に掲載した批判記事を再掲したい。

曽野綾子氏の言い分について

曽野綾子氏は2015年2月11日付の『産経新聞』のコラムで、「外国人を理解するために、居住を共にするということは至難の業だ」と述べている。20〜30年前の南アフリカ共和国で白人だけが住んでいた集合住宅に黒人が住むようになり、「黒人は基本的に大家族主義だ」ということでマンションの1区画に20～30人が住みだしたという体験談を引用、だから「居住区だけは、白人、アジア人、黒人というふうに分けて住む方がいい」のだそうだ。

たいていの黒人はこれを聞いて、「曽野綾子を理解するために、居住を共にするというのは至難の業だ」と考えるだろう。曽野氏が心配しなくても、彼女と居住を共にしたい黒人は皆無のはずだから、曽野氏は安心してよい。黄色人種のぼくだって願い下げですけど。

２０１４年12月から1月まで、ぼくはエボラ出血熱対策でシエラレオネにいた。自然も資源も豊かなのに、今も世界で一番貧しい国の一つである。

15世紀にポルトガル人がこの地にやってきて以来、シエラレオネは奴隷狩りの場であった。三角貿易の一角をなして欧米人の商売に寄与させられてきたのだ。奴隷貿易が禁止となり、英国の植民地となったあと、首都は自由の象徴として「フリータウン」と名付けられた。しかし、英国による白人支配は黒人社会に暗い影を落とし、独立してからも内戦で少年兵たちが殺し合いをするなど、陰惨な歴史は続いた。そして今度のエボラである。

人口600万人あまりのシエラレオネは完全な黒人社会であり、黒人以外の住民は極めてまれである。

さて、ACAPS2014年の「カントリープロファイル」によると、シエラレオネの1世帯あたりの構成人数は5・9人とある。曽野氏のいう、「黒人は基本的に大家族主義」「20〜30人が住みだした」というのは何の話だろうか。

5・9人だって大家族じゃないか、という人もいるかもしれない。しかし、日本だって1950年代までは世帯構成員数は平均5人以上だった。核家族になったのはつい最近のことであり、日本の伝統社会は大家族であったのだ。曽野氏のような保守派が回帰したいと欲望する、「かつての輝かしかった日本社会」である。黒人社会を構成員数で特別視する根拠はどこにもない。貧困に喘ぎ、小児死亡数が多い国では、人種とか文化と無関係に大家族になるのは当然だ。

危機下になれば、さらにその傾向は強くなる。阪神・淡路大震災をぼくは直接経験していないが、被災の経験を持つ人たちに話を聞くと、「家を失って親戚の家に身を寄せた」という話はよく聞く。いや、2011年の東日本大震災の際の、何百人もが大挙し、ダンボールだけで仕切られた避難所のことだって記憶に新しい。曽野氏はもう忘れてしまったかもしれないが。

南アフリカ共和国は何十年も黒人にとって「危機下」にあったのである。貧困と差別が慢性的に常態化した社会で、「皆が身を寄せ」生きていかねばならないのは当然であろう。好むと好まざるとにかかわらず、である。

曽野氏のような人物の言うことをいちいち相手にするのもバカバカしい、と思う人もいるだろう。しかし、楽観してはいけない。妄言だって大勢の人を共感させ、それは差別社会のエートスをつくるのである。アドルフ・ヒトラーの戯画的な演説や、マッカーシズム（共産主義者を弾圧した「赤狩り」）を後年のぼくらは「バカバカしい」と思う。しかし、それに熱狂してエゲツナイ差別行為が正当化されてきたのである。妄言は断固として否定し、拒否しなければならない。

本来であれば、『産経新聞』のような公共性を大事にすべきマスメディアがそれを率先して行なうべきなのだが、『産経新聞』にそれを期待する気は、さすがにぼくにはない。

ぼくは南アフリカ共和国を2度訪問し、故ネルソン・マンデラ氏に対するこの国の敬意の高さに感じ入った。ぼくにとってマンデラ氏はヒーローである。

この国とマンデラ氏の高貴な精神に泥を塗るような曽野氏と『産経新聞』には強い怒りを感じているが、マンデラ氏の精神をくんで、罵倒の言葉は投げないだけなのである。

タブーの存在の強さこそが、アメリカの差別感情の強さ

キング牧師の「ニグロ」同様、差別を記号で扱うと、失敗する可能性が高い。これでしばしば失敗しているのは、アメリカとイギリスだ。

アメリカのトランプ大統領は、前職のオバマ前大統領のやったことを全否定するために存在しているような大統領だ。オバマが残した政策、レガシーを、ことごとくひっくり返そうとしている。環太平洋経済連携協定（TPP）からの離脱、環境問題の「パリ協定」からの脱退、イラン核合意離脱、キューバとの外交正常化見直し、医療改革の「オバマケア」の否定、そして反移民政策の数々。

このことは、アメリカに根強く残る差別主義と深く関係している。人種差別主義と、ミソジニー（女性差別主義）だ。

トランプを大統領までにまつりあげた最大のエネルギー源は、黒人嫌いと女性嫌いだと思う。要するに、オバマとヒラリー・クリントンを全否定したい、という欲望が、トランプを

サポートしたのだ。そして多くのアメリカ民が黒人を嫌い、女性を嫌っている。

もちろん、アメリカ民もメディアも、表立ってはそれを認めはしないだろう。アメリカはポリティカリー・コレクトネスな国であり、あらゆる差別を形式的に否定するからだ。トランプ自身だって絶対に否定するだろう。

しかし、ぼくは彼らの言動や仕草や目配せから、容易にその憎悪感情を読み取ることができる。

だからこそ彼らは、皮膚の色や性別で相手を差別するような言動を執拗《しつよう》に避ける。その執拗さこそが差別感情の裏返しなのだが。

前述したように、ぼくが知る女性医師（黒人）は、「黒い肌を黒い（black）と呼んで何が悪い。そのような呼称を拒み、アフリカン・アメリカン（African American）などというへんてこな呼称を付けることで、差別をなかったコトにすること自体が、歪んだ差別感情だ」と憤っていた。白人は「White」のままだし。そもそも、白人だって遺伝学的な起源を考えるならば、「African American」であろうに（人類の起源はアフリカ大陸と考えられている。肌の色は関係なく）。

もともとニガー、ニグロ（negro）という呼称も、「黒い」という価値中立的な単語である。

このことはすでに述べた。それを差別語にしたのは差別感情だ。逆ではない。

差別感情があるからこそ差別語が生まれ、そして差別語というタブーは、そこに潜在する差別感情の存在を逆説的に証明している。アメリカに徹底的な差別語のタブーがあること、そのことが、アメリカにおける差別感情の強烈さの証左なのだ。

政治的な正しさの裏にある、強烈なミソジニー

日本からアメリカに渡った女性医師の多くが、日本と違ってアメリカでは、女性蔑視が少なく、「女性が活躍しやすい」社会だと褒める。

しかし、真実はそうではない。

例えば、アメリカの女性医師は、他国と比べると給与が低く、昇進もしにくい。アメリカの強烈なミソジニーのために、表面的には女性蔑視的な発言はゼロである。そのトリックに気づくか、気づかないか、の問題なのだ。単に日本の女性医師が「あまりにも差別されすぎている」だけなのだ。

ＯＥＣＤ加盟国で医師に占める女性の割合では、アメリカ合衆国は下から４番目に過ぎない。ただ、日本が最下位なだけだ。女性の受験者を不当に不合格にしていた、東京医科大に

代表されるように（＊33）。

アメリカの病院では「no blame, no shame」といって、カンファレンスなどで他のドクターを貶めることはしない。が、カフェテリアなどで散々陰口は叩かれているのである。

アメリカは本音と建前を使い分ける国なのだ。

イギリス人とフランス人は、何度も戦争し合っている「仲の悪い」国だ。

しかし、実際には仲が良い。

だから、彼らは悪口を言い合う。「イギリス人は毎日同じものしか食べない味音痴だ」「フランス人は毎日食事の時間に次の食事の献立のことを考えている食い物バカ、フロッグイーターだ」。この軽い罵り合いの許容こそが、彼らの仲の良さの証左である。

その証拠に、日本人は隣国の悪口を（匿名でない限り）絶対に言わない。怖くて言えない。仲が悪いからだ。

「いじめられる」と「いじられる」は、「め」がないだけで大きく意味が変わる言葉だ。前者は対象者を不快にし、後者は対象をも愉快にする。「いじり」は質の高いコミュニケーションで、それこそが仲の良さの証《あかし》ですらある。両者は、表現型は非常に似ており、両者の区別は極めて困難で紙一重だ。しかし、「いじること」と「いじ『め』ること」は大きく異なる。その違いは微妙だが、決定的だ。

ぼくが放送禁止用語に拘泥する態度が嫌いなのは、その政治的な正しさこそが差別感情の証左だからだ。形式的に単語を排除することで、なかったことにしているが、実はそのような作業が差別を顕在化させている、その皮肉に気づいていない。

三遊亭圓歌《えんか》（故人）は吃音者《きつおんしゃ》であり、それを治すために噺家《はなしか》になった。

彼は自分をネタにして、それをいじった。「あたしにはどもりがあって」という「どもり」は、落語の中では自然な言葉で、圓歌がそれを言ったからといって、誰かを差別しているわけではない。当たり前だ。

しかし、ＮＨＫの中継で、圓歌はそれを「吃音」と言い直すことを強いられる。着物を着て、昔の話をする落語に、いきなり現代の医学用語が出てくるから、ぼくらはその不自然さにむしろ注目してしまう。

これが差別のリプロデュース（再生産）である。セカンド・差別、と言ってもよい。

ぼくの母親は昔、眼の不自由な人のために本を朗読、録音するボランティアをしていた。

ある小説に「めくら」という単語があり、これを朗読した母親は、この単語を政治的に正しい用語に直すよう要請された。

なんと残酷な話だろう。これによって、朗読を聴いた人は、原典に何が書かれているかを構造的に知ることができなくなってしまったのだ。これぞ差別行為とは言えないか。

ときどき、相手を貶める「差別語」を口にしても、人間関係が崩れない。その単語が差別語にならない。その「いじり」が、「いじめ」に転じない。

ここが目指すところである。

言葉を変えて、政治的な正しさを保証しても、問題はまったく解決しないし、それがむしろ問題を闇に葬って、「なかったこと」にしてしまう。

日本はアメリカによく似た国だが、こういうところは真似してはいけないのだ。

昔からいじめはひどかった――ぼくがいじめられていたころ

荻上チキ氏が指摘するように、２０１１年に大津自殺事件が起きたのは、文科省の「道徳教育実践推進事業」指定校だった（『いじめを生む教室』ＰＨＰ新書）。道徳教育が、いじめやそのあとに起きる自殺の予防に効果的ではないことを示唆する一例だ。

いじめが「悪いこと」だというのは誰でも知っている。授業で「いじめはいけません」「やめましょう」と言われなくても、誰でも知っている。この建前と本音の乖離がいじめ対策の難しさなのであり、授業ごときでいじめがなくなったりするわけはないのだ。

大津自殺事件。このときのいじめの実態もひどいものだった。

自殺したいじめの被害者は、ロープで自殺の練習をさせられ、3階の窓から身を乗り出して自殺のマネをさせられ、首を絞められ、スズメや蜂の死骸を食べさせられ、カエルを食べさせられ、便器を舐《な》めさせられ、裸を携帯に撮られ、煙草を手に押し付けられ、殴られ、金を取られていた。死にますとも告白していた。

それでもいじめは続き、担任教師はいじめを認知できず、友人たちはいじめの存在を見て見ぬふりをした。そして、少年はマンションから飛び降りて自殺したのだった。この問題は、今でも損害賠償を求めた裁判が続いている(＊34)。

文字にすると、なんとひどいことをしたのか、と思う。思うが、まあ、こういうことは日本のあちこちで今でも起きているんだろうな、とも思う。

ぼくが子供のときも似たような体験をしていたから、そう思うのだ。

ぼく自身も少年時代、自殺しようと思ったこともあるし、いじめの加害者を殺そうと思いつめたこともある。

いじめられた少年少女はこういうとき、どうしたらいいのか分からないで思いつめてしまう。そして逃げ場を失ってしまう。

日本でいじめの自殺者はあとを絶たない。しかし、前にも述べたように、実際に自殺していなくても、自殺の一歩手前でとどまって我慢を強いられている少年少女は、もっともっとたくさんいるはずだ。

こういう事件が起きると、決まって「昔はよかった」と言ってくる人もいる。

これも正しくない。

例えば、１９８０年代はもっとひどかった。ちょうどぼくがいじめられていたのも、このころだ。

１９８６年には東京の中野富士見中学校の2年生男子が、いじめや暴力のために首吊り自殺をしている。そのいじめには教員たちも参加していた。彼らは「葬式ごっこ」なるものを行ない、「葬式」で教員たちが寄せ書きまでしていた。そして問題が暴露されても、教員たちは全員、いじめには加担していなかったと仲間びいきを貫いた。

ぼくにも経験があるが、80年代後半の高校時代には、いじめに平気で加担する教師は多かった。学校の成績が悪かったり、容姿にインフェリオリティ・コンプレックス（劣等感）を持っていたり、体育が苦手な者たちは、生徒たちにいじめられ、それを教師たちは、傍観するか、せせら笑って「加担」していた。

現在の教育現場であれば、こういう教師たちはさすがに「問題」教師とされるはずで、ほとんど見ることがない。「昔は良かった」は幻想に過ぎない。

いじめられっ子に我慢強さはいらない

前述のように、『いじめに立ち向かうワークブック』によると、いじめをする人は「自分をコントロールできない、心の弱い人」なのだそうだ。

本当だろうか。

自分を完全にコントロールした状態でいじめをする事例も多いし、衝動的な暴力よりもそれはずっと卑劣だ。

「心が弱い」とはどういうことか。「心が強い」とはどういうことか。いや、そもそも「弱い」とか「強い」とはどういう意味なのか。

「心の強さ」は、いじめられっ子にも要求される。

いじめが起きると、「識者」はいじめられっ子に、「もっと強くなれ」と励ましてくる。しかし、これは本当に妥当な助言なのだろうか。

我慢強さは、「いじめ予防法」としてよく取り上げられる（栗岡まゆみ『いじめゼロを目指して』など）。

しかし、我慢強さは諸刃の剣だ。我慢すればするほど、長い間いじめに耐え続けなければいけないからだ。

むしろ、「我慢強くない」こと、「我慢しない」ことのほうが良いのだ。いじめられないためには、下手にレジリエンス（耐性）が高くないほうが良い。ぼくはそう思っている。

いじめの「原因」とされるものはたくさんある。しかし、その多くは、識者の思い込み、願望、欲望、画一的な道徳観が押し付けているものがほとんどだ。

例えば、「いじめられないためには、両親の仲が良いのが大事」とか、「ファーストフードではなく、お母さんがご飯を作る『おふくろの味』が大事」とか、こういったものである。

ぼくはずっと子供のときにいじめられていたけど、両親の仲はずっと良かったし、母は専業主婦でご飯を作っていた。端的に、「こういう家庭環境が理想的、だからいじめも起きない」という教育専門家たちの願望、あるいは欲望を語っているだけなんじゃないかと思う。

ぼくが調べた限り、母親が自炊したらいじめがなくなったとか、自炊をやめたらいじめが増えるといった研究データはなかった。

働いているお母さんが増えている中で、変に「おふくろの味」とかを過度に希求するのは、「伝統的な日本の家庭が大事」みたいな一種のイデオロギーの押し付けに過ぎないとぼくは思う。そもそも価値の多様性を認めないところにいじめの根源的な原因があるので、「共働きの両親は認めない」「お母さんがご飯を作るべき」みたいな不寛容が、まっとうないじめ対策になるとは到底思えない。それは新たな「○○ちゃんのお母さんはまともにご飯も作らない」みたいな別の不寛容を生むだけだ。

原因は重要ではない。大事なのは結果を出すことだ

確かに、いじめをする子供は両親との関係性がよくない、というような研究データはある。しかし、両親との関係性の悪さがいじめを助長するのか、そもそもいじめっ子になりやすい子供があちこちで攻撃性を発揮し、親にも攻撃性を発揮して、よって両親との関係性が悪くなるのかは、はっきり分かっていない（＊35）。

要するに、どちらが原因でどちらが結果かははっきりしないってことだ。

「関係」があるかどうかは、データを集めて研究すれば、わりと簡単に分かる。しかし、どちらが「原因」で、どちらが「結果」かを看破するのはとても難しい。安易な因果論を唱えるのは科学的に間違っている。

はっきりしていることは、一つある。

家庭環境がよいに越したことはない。しかし、たとえ家庭環境が悪いからと言って、そのことでいじめの発生を正当化してはならない。家庭環境の悪さがいじめっ子を、そしていじめられっ子を作ることを許容してはいけない。

よって、学校や教師は、いじめを「親のせい」とか「家のせい」などと言ってはいけない。それが原因かどうかははっきり断言はできないからだ。

そして、百歩譲って仮に家庭環境がいじめの原因だったとしても、やはり教師は「親のせい」「家のせい」というべきではない。なぜなら、そう言ったところでそれは解決の役に立たないからだ。

前述のゲーム理論的な思考である。大事なのは、結果を出すことだ。「親のせい」だと難じても結果は出ない。

大事なのは、いじめを発見したら、それをストップさせることだ。何が原因かを議論したって、いじめがなくなるわけではない。学校でのいじめは、各関係者が全力で「止める」ことこそが大事なのである。

「欲望」に基づく原因の解釈を許すな

このように、教育関係者の「願望」と「事実」の混同はしばしば認められる。

例えば、「キレやすい子供」という表現がある。

英語では「aggressive behavior」が「キレやすい」に近いと思う。研究では様々なリスク因子が検証されており、遺伝的要因や環境要因、栄養不足などが指摘されている（＊36）。

日本での研究だと、文部科学省委嘱研究というのがある。それによると、「キレる子供」の特徴として一番多いのが「家庭での不適切な養育態度」なのだそうだ。そのなかでももっとも多いのが「過度の統制」、次に多いのが「養育不全」、次いで「放任」「過保護」である（＊37）。

要するに、やりすぎか、やらなすぎ、である。

しかし、大抵の家庭では、ピッタリ適切な養育、とはいかないのではなかろうか。というか、そもそも「キレる」という問題行動が起きているからこそ、家庭での養育態度が「やりすぎだったのでは」あるいは「やらなすぎだったのでは」という反省が起きるのではないか。後ろ向きに振り返れば、そのように解釈できるのである。

だとしたら、こういった研究データはあまり適切なものとは考えにくい。単に家庭環境に原因を（半ば無理やり）見出し、「家庭環境に問題があったのだから」という呪いを親にかけるようなものだ（「『突発性攻撃的行動および衝動』を示す子どもの発達過程に関する研究」）。

これを受けて栗岡氏（前掲）は、「戦後教育から〝権威〟が消えたことによる秩序の崩壊がよくないのだと主張し、「社会から神話や伝統や道徳が消えました。それが、行きすぎた平等主義、教師への尊敬のなさ、教室に正義が消えたことにつながるのだ」と結論づけている。

が、データからそんな結論を読み取るのはやりすぎだ。

一部の政治家や、文科省役人や、教育関係者は、こういった「欲望」に基づく解釈を歓迎するかもしれないが、そもそも戦前の軍隊教育なんて、いじめ体質そのものだったではないか。江戸時代の身分による差別もそうだし、部落差別もそうだ。

こういう「不都合な真実」を全部捨象して、幻想的な、存在しない「よかったであろう理想郷」を過去に求めるのは、考察が甘すぎる。自分の欲望を発散させて喜んでるだけじゃないか。

机上の空論、観念論はいらない

いじめ問題の専門家である内藤朝雄氏も、この点を指摘している。いじめ問題の「識者」は、場当たり的な感情論、フィーリングでいじめの原因論を語ってしまうために、その原因論は矛盾に満ちてしまうというのだ。

例えば、学校の過剰な管理がいじめの原因だという意見がある一方で、学校秩序がゆるんでいるからだという意見が出る。

欲望が突出した青少年の「おれさま」化が原因とする一方で、他人の目を気にしてばかりの「個の脆弱化」が良くないという。

家族の人間関係が希薄なのが良くないという一方で、家族の愛情が過剰だともいう。

日本文化の崩壊が原因という意見がある一方で、古い日本社会の構造が原因だとされる(『いじめの構造』講談社現代新書)。

ここにあるのは、「事実」の欠如である。ファクトを大切にせず、机上の空論、観念論が「有識者会議」を支配する。有識者の観念にはリアリティがないから、そこで自分勝手な幻想、あるいは「欲望」が吐露されるだけである。

ぼくは性教育もやっているけれど、性教育でも、この手の「欲望」と「事実」を混同した困った政治家や専門家がいて、とても迷惑だ。

例えば、出張授業で校長が、「コンドームという言葉を使うな」などと平気で言ってくることは珍しくない。

自分や他者の安全や人権を守るのが、性教育の大事な目的（の一つ）なので、その最大の手段であるコンドームに言及せずに性教育を語ることはナンセンスだ。少なくともセックスデビューの可能性が高まった中学生以降は必須である。

目的から逆算して、方法論を論じれば、クールでリアルな教育が可能なのだが、ここでも頭でっかちの観念論や、自己流の道徳論で、子供が効果的に学ぶことを邪魔されている。

6．コミュ障でいい、世界を変えよう

空気を読めないフリをしろ

橋下徹の『どうして君は友だちがいないのか』（河出書房新社）は、彼が政界に進出する前の「眼鏡で茶髪でチャラいテレビに出てる弁護士」だったころに出された本だ。「荒れた」学校で育ち、ラグビーで人間関係を培《つちか》ってきた彼の経験論は、正直あまり一般化できないし、役に立つとも思えない。ただし、読み物としては面白いから、読んでみるのはおすすめしたい。

一つだけ、非常に印象的だったところがある。「周りを気にしていないように見える人の真実」というところだ。周囲を気にせずにお気楽に生きているように見える人も、実は非常

に周囲に気を配っている（こともある）という内容だ。

これにはぼくも心から共感する。ぼくも基本的に、「空気を読めないフリ」をして生きているからだ。

前述のとおり、ぼくは小学生から高校生までずっといじめられっ子だった。1970年代後半から80年代終わりまでの間だ。ちょうどこのころ、日本ではいじめによる自殺が大きく報道されたというが、報道番組を見る習慣がなかった島根県育ちのぼくは、そんな外の世界のことは知らない。

このころ、ぼくは本当に「空気が読めない」人だった。

いじめられっ子だった高校時代までは、ぼくはコミュニケーション能力は非常に稚拙で、人間関係を培ったり、維持する能力は、はっきり言って非常に低かったと思う。

大学時代はいじめられることはなくなったし、仲の良い友人もできたけれど、やはり人付き合いは下手だった。親友には「お前は人間ができてない」と手厳しい（しかし、友誼《ゆうぎ》に厚い）指摘をされたこともある。

要するに、基本的に、ぼくはずっとコミュ障だったのだ。

大学を卒業して、研修医になってからも、事態はさほどよくならなかった。アメリカで内科の研修医になってからも、なかなかうまくいかない日々が続いた。

特に、アメリカ時代は、「痛々しい勘違い」から人間関係ではかなり失敗を重ねた。

アメリカでは皆が、ぶっちゃけ本音トークをして、侃々諤々《かんかんがくがく》の議論をしているように見える。

対して、日本だと、会議があってもみんな黙っているし、特に年長者には何も言わない。じっとおとなしくしているのが偉い、特に若者はそうあるべきだ、というエートスが漂っている。

確かにアメリカでは、研修医も年長の指導医にどんどん議論をふっかけている……ように見えた。

英語力に乏しかったぼくは、なんとしても自分の能力を認めてもらおうと焦っていた。そのために勉強したり、一所懸命診療したりもしたが、「議論に参加する」点でも一所懸命だった。

ところが、である。アメリカに行って4年目くらいのとき、ぼくは指導医からかなり低い評価表をもらった。「イワタは態度が悪すぎる」というのである。他の医者に議論をふっかけ、議論に勝つことを是としていたぼくだが、上級医たちには「態度が悪く」見えたのだ。

とにかくひどい悪評で、ぼくは相当に落ち込んだ。

どうもぼくはアメリカ流にやっているように見えて、実は全然アメリカ流というものを理解していなかったようだ。議論をふっかけ、議論に勝つのは決して「アメリカ流」ではない。

大いに反省したぼくは、それから観察することにした。いったい、本当の「アメリカ流」とは何か。コミュニケーションや議論をどのように行なうべきなのかを。アーレントがアイヒマンを「理解」しようとしたように、ぼくも「アメリカ流」とは何かを理解したいと思ったのだ。

コミュニケーションとは、たくさん「聞くこと」

すると、少しずつ分かってきた。

実は、活発に議論されているように見えても、アメリカで非常に優秀とされる研修医や指導医は、「案外」寡黙であった。めったにコメントしない。

ベラベラしゃべっているのは、それほど優秀でもない、「背伸びしたがる」研修医、そして指導医であった。彼らはよくしゃべるが、そのコメントはチームにはそれほど影響を与えていなかったようだし、皆も「あいつがまた言ってるわ」という感じで尊重もしていなかった。

そして、優秀な研修医や指導医は、とにかく相手の話をよく聞いていた。聞き上手なのである。よく相手の話を聞いて、議論の最後の最後でポロッと一言、大事なコメントをする。建設的で、議論を前に進めるコメントだ。

ぼくはそれまで、コミュニケーションとは「たくさんしゃべることだ」と勘違いしていた。逆である。コミュニケーションとはたくさん「聞くこと」だったのだ。

大反省したぼくは、自分が教えている学生や患者の話をもっと丁寧に聞くことにした。

「聞く」行為は事実確認の行為である。

事実確認が丁寧に行なわれると、診断がより正確になった。診断が正確になると、治療もうまくいきやすい。チームでのコミュニケーションも円滑になり、周囲により感謝されることも多くなった。

半年ばかりしてから、別の指導医に「お前の評価は散々だと聞いていたが、一緒に働いてみて、非常によくやっていると感心した。勉強したな」と伝えられて、涙が出るほど嬉しかったものだ。

もっと丁寧に観察してみた。

アメリカの病院でリーダーとして活躍している人のなかに、自由奔放、天真爛漫に振る舞っているように見える人もいた。とても日本では見かけないようなエキセントリックな振る舞いだ。

しかし、その実、そういう人物は、周りの職員の観察を丁寧にしていたし、弱い立場のもの、困っている人にはとても優しかった。ぶっちゃけトークで歯に衣着せぬ議論をかますときは、相手は同僚とか目上の存在だった。それが彼をよりカッコよい存在にしていた。弱い立場の人には優しく、理不尽な権力を行使するような輩にはとても厳しかったのだ。

空気は読まねばならぬ。しかし、忖度や「長いものには巻かれろ」の態度は良くない。組織のなかで、組織を良くするための真のチームプレーは、「空気を読みつつ」「空気を読みすぎない」ことだ。

空気を読まないふりをする。単に横暴な態度をとるのではなく、紳士的な振る舞いをしながらも、付和雷同しない。

これが大切な態度なのだと気づいたときには、アメリカに来てからもう4年以上が経っていた。

礼儀正しく、しかし忖度はしない

2008年にぼくが神戸大学に異動したとき、この「空気を読まないふり」の態度は非常に有効に機能した。今でも基本姿勢はこれである。

きちんと礼儀正しくはあるが、忖度しない。空気を読まない。いや、本当は読めているんだけど、気づいていないふりをする。「お前は空気の読めないやつだ」と相手が思ってくれれば、「同調圧力に従え」とは言われなくなる。「イワタはああいう人だから」と諦めてもらえる。

ぼくには同調圧力は通用しない。忖度を期待するな。ぼくはこの11年間、神戸大学でずっとそうやって振る舞ってきた。

その代わり、診療を一緒にやる看護師さんやカルテを書いてくれるクラーク、秘書さんたちに対しては、ぼくは常に敬語を使ってきたし、声を荒らげたこともまずない。事務方にも基本的に礼儀正しく振る舞ってきた。ときに、高齢の威圧的な教授や理事が「態度の悪い」ぼくにあれやこれやのハラスメントをしかけてきたときも、真っ先に助けてくれたのはこうした事務方の人たちだ。日本化学療法学会のときの書店や出版社の人たちと同じである。

ときに、橋下徹氏には一度だけ会ったことがある。

2009年のインフルエンザ問題で、何かのコメントをするために大阪に呼ばれて行ったのだ。

当時、橋下氏は大阪府知事になって間もないころだったと記憶する。先鋭な改革路線を貫いていたので、さぞ古株の事務方から蛇蝎《だかつ》のように嫌われてるんだろうな、とぼくは思っていた。

ところが、大いに驚いた。案内してくれた大阪府職員の方々に「新しい知事、どうですか」とそれとなく聞くと、みんな顔を輝かせて「いや、素晴らしい人です」と言うのだ。演技とは思えなかった。忖度とも思えなかった。心から、新しい知事に心酔しているのだな、とぼくは感じた。

実際、お目にかかった橋下氏は、非常に腰が低くて礼儀正しい人だった。1969年生まれの彼は、ぼくよりも数歳年上だ。日本の「偉い人」はたいてい、年少者や女性には態度が悪く、ぶっきらぼうな態度をとる。

しかし橋下氏は、初対面のぼくに非常に礼儀正しく振る舞い、丁寧にインフルエンザについて質問し、熱心に話を聞いていた。なるほど、これじゃ、大阪で「維新」の人気が高いわけだとぼくはその時感心したものだ。

ぼくはここで、橋下徹氏の政治家としての力量や政策や見解を論じようとは思わない。ただ、彼の著作を読んで、あの「空気を読みつつ、空気を読まない」態度は計算ずくでやってるんだな、と納得しただけだ。それはぼく自身がとっている戦略と非常にかぶっているので、とても共感したのである。

コミュニケーションが生まれつき上手な人はいる。天然の人たらしもいる。ナチュラルな人気者もいる。

多くの「いじめられた」人たちは、人付き合いが苦手な人たちだ。ぼくがそうであったように。そして、いじめられた経験が、ますます人間関係に苦手意識を持たせてしまう。悪循環だ。

しかし、割り切ってしまえばいいとぼくは思う。

コミュニケーション能力はスキルである。単なる技術に過ぎない。工夫して練習すればある程度、上手になる。たいていは上手になる。ぼくのようなコミュ障が言うのだから間違いない。

まずは相手の話を丁寧に聞くこと。観察すること。上手なコミュニケーションを真似ること。そこから始めたい。

もちろん、最初からうまくいく技術などはない。技術の習得には反復練習と工夫が必要だ。しかし、大抵の場合、技術は時間をかければ獲得可能である。精神論やキャラ論などは信じず、「人付き合いは単なるスキル」と割り切ってしまうとよい。

技術が上達することそのものに、悪いことは何一つないのだから。

いじめへの介入に関する研究論文——科学的議論の重要性

さて、本書では、大切なのは願望ではなく事実、と繰り返しお伝えしてきた。

それでは、いじめへの対策で、エビデンスの出ているものがあるだろうか。この本の最後の本章で、それに関していくつか触れてみたい。

以下は、ぼくが連載している『メディカルトリビューン』という雑誌の記事からの再掲である。医学論文を紹介し、解説する連載だ。

連載のこの回では、医学的な内容の研究ではなく、「いじめを減らす」研究を紹介した。

この領域は、科学的なデータがまだまだ少ない領域だ。だからこそ「お母さんが作ったご飯が大事」みたいな観念論が跋扈《ばっこ》するとも言える。

しかし、本書で繰り返し述べているように、大事なのは観念ではなく事実である。そして、いじめの世界で「事実」とはどのあたりなのかを理解する必要がある。

この論文を読めば、「こうすればいじめはなくなる」といった観念的な言葉がいかに虚しいものであるかが感得できるであろう。

（この論文は学校の生徒を対象とした研究だが、一方で、職場におけるいじめ予防介入もエビデンスは稀薄で、質の高い研究がほとんどないことが、コクランレビューにまとめられている。〔＊38〕）

さて、以下が論文（＊39）の内容を紹介した記事である。非常に学術的な内容だし、正直一般の方には理解しにくいとは思うが、できれば辛抱してお読みいただきたい。最後のところだけでもお読みいただければ幸いだ。序文のところは関連性が低いので割愛した。


本研究は、いじめ（bullying）と攻撃性（aggression）に関する、英国のセカンダリー・スクール（11～14歳）の生徒を対象とした、クラスター・ランダム化比較試験だ。

日本でもそうだが、海外でもいじめは深刻な問題で、世界保健機関（ＷＨＯ）なども注目している。いじめは他者に対する身体的、精神的かつ意図的な攻撃行動であり、この一部をなすのが「攻撃性」である。いじめ対策もあちこちで行なわれているが、「これが効果的だ」というエビデンスを示したものはほとんどない。

本研究の著者たちは、先行となるパイロット研究で、学校ベースの介入がいじめを減らすのに有用ではないかと着想を得ていた。

第一に、校則やシステムまで変更した全学校レベルでの介入である。単に授業で「いじめは駄目ですよー」と言うだけでは不十分だ、というのだ。そこでは生徒にも学校活動にコミットさせる。学校もまた、社会における健康状態を決定する一要素なのであり、「いじめがない状態」もまた、健康の一要素だということだ。いじめられていて「健康」というのはありえない矛盾だ、ということだ。

第二に有用と考えられるアプローチは、一度こじれた生徒同士、あるいは生徒と教師の人間関係の回復活動（restorative practice）である。いじめられっ子がいじめっ子と対話する機会をつくり、いじめという行為がいじめられっ子に何をもたらしているのかをいじめっ子が認識できるようにする、というものだ。このような介入をいじめが起きる前の一次予防として、またはいじめが起きた後の二次予防策として行なう。

第三は社会的情動的教育だ。生徒に感情や人間関係を円滑にするスキルを提供するのだ。

こうした介入は「Learning together（ともに学ぶ）」と称された。著者らは８つの学校でパイロット研究として「ともに学ぶ」介入を行ない、これはいけるという感触を得た。そこで、今回のINCLUSIVE研究を遂行したのである。

研究のポイント：学校ぐるみの取り組みを３年後の生徒による報告で評価

本研究は南東イングランドの40校のセカンダリー・スクールで行なわれた。研究期間は２０１４～17年だ。学校単位で介入群と「今まで通り」の標準群（コントロール）に１：１で振り分けた。11、12歳の段階で介入が行なわれ、24カ月後、36カ月後に評価した。生徒に除外基準は設けられなかった。が、学校には除外基準があり、特別な介入を必要とする不適切校、あるいは不良校と判定された学校は除外された。学校、介入チーム、プロセスなどの評価者はマスク（盲検）されなかったが、アウトカム評価者たちは振り分けについてはマスクされていた。

アウトカムは36カ月後に生徒自身が報告するいじめの被害や攻撃性の体験であった。いじめにはＧＢＳ（Gatehouse Bullying Scale）というスケーリングがあるそうで、12項目についてスコア化して報告する（＊40）。攻撃性についてもＥＳＹＴＣ

(Edinburgh Study Youth Transitions and Crime）という報告スコアシステムがあって、これが用いられた。二次アウトカムは24カ月後のＧＢＳとＥＳＹＴＣのスコアである。

20校が介入群に振り分けられ、３５１６人の生徒のうち、３３２０人がベースラインのアンケートに答えた。コントロール群もやはり20校で、３６０５人中３３４７人がベースラインのアンケートに答えた。生徒の性、宗教、人種、家族構成などに両群間で大きな差はなかった。

36カ月後の平均ＧＢＳスコアはコントロール群が０・３４、介入群が０・２９であり、有意差があった（P=0.0395)。特に、うわさを流される、わざと無視する、という行為が減っていた。しかし、攻撃性を示すＥＳＹＴＣに両群で差はなかった。なお、24カ月の段階ではＧＢＳスコアの群間差はなく、ＥＳＹＴＣについても同様であった。あと、細かい点だと、36カ月の時点で介入群のほうが喫煙経験率、飲酒経験率、飲酒経験者の飲酒量、違法薬物を勧められた、過去12カ月の警察とのコンタクトがいずれもコントロール群よりも低かった。自殺、他人を刺したといった重大な事象においては両群に差はなかったとされる。が、介入群で２人の自殺と４人の自傷行為、２件の刃物による他傷行為（コントロール群はいずれも0人）が発生している。一方、コントロール群では6件のレイプと1件の身体障害もしくは慢性疾患が発生していた（介入群ではいずれも0人）。

なお、「ともに学ぶ」介入はコストがかかる。コントロール群に比べると、生徒1人当たり47～58ポンド余計に出費していた。

私の考察と臨床現場での考え方：いじめ対策をランダム化比較試験で評価する姿勢はさすが

今回の結果をどう解釈するかは、なかなか難しい。

学校全体でいじめをなくすためのシステマティックな取り組みを図るには労力もかかるし、お金もかかる。しかも、介入から2年たっても効果的ないじめの減少は認められず、結果が出るのに3年もかかっている。こんな息の長い取り組みを、そこまでして頑張れるのか？　と、教育現場からため息が漏れてくるかもしれない。

しかも、3年頑張っても調整後のGBSスコアの「差」はたったの0・03ポイントだったのである（95％CI　0・06～0・001ポイント）。これはGBSスコアの標準偏差（両群とも0・02）よりも大きかったため、著者らは「重大」なものではないかと主張している。

いずれにしても、今回の介入を仮に3年行なっていじめを「減らす」としても、「なくす」ことはない、というのも、本研究が示した、やや残念な結果である。

とはいえ、こうした教育現場での取り組みを、正当なランダム化比較試験で評価したというのはさすがだと思う。

日本の教育界には科学的な議論が欠如しており、かつ科学的な議論を嫌悪している向きすらあるが（かつての医療現場と同じである！）、ある取り組みが効果的であったか否かは、正当な評価なくして分かりようがない。

「子供を実験台に使うのか」というお叱りの言葉もあるかもしれないが、それはまさにEBM黎明期の日本医療で言われた「患者を実験台に使うのか」と同じ短見であり、**効果があるんだかないんだか分からない状況に子供を置きっ放しにしておく方が、よほど残酷な態度である。**

本研究はゴールではない。スタート地点であろう。

ある種の介入がいじめを減らすのに効果があることは分かった。今後は、もっと効果のある方法を模索せねばならない。もっと効果的で、安価で、かつ現場を疲弊させない「楽ちんな」方法が良い。

これも医療現場同様、教育現場では混乱しているようだが、「楽」なことはいいことなのだ。同じ結果が出るなら、労働コストが低い方がいいに決まっている。「たくさん苦労したほうが偉い」という苦労主義から脱出すべきなのだ。教育現場も、医療現場も、文部科学省も、厚生労働省も、そして日本社会全体も。

ときに、ぼく自身、かつてのいじめられっ子である。この問題に無関心ではいられない。いじめくらい残酷な営為は稀有である。唾棄《だき》すべき、恥ずべき行為だ。学校でも、大人の社会でも、いじめはまだまだ普遍的だ。ゼロにするための挑戦は続くのであり、本研究はその長い道のりにしっかりと築かれた一里塚なのである。

いじめ対策に一定の効果――ノルウェーのエビデンス

ノルウェーの心理学者、ダン・オルヴェウスが開発した「オルヴェウスいじめ防止プログラム」というものがある。80年代に始まった古典的ないじめ防止プログラムだ。

ノルウェーでもいじめによる自殺が多発し、こういうプログラムのニーズが生じた。いじめ防止のための様々な介入を学校全体レベル、クラスレベル、個人レベル、そして地域レベルで複合的に行なうのが特徴だ。

とくに、「いじめない、いじめられていたら助ける」といった事項を学校の「ルール」化しているところが、興味深いとぼくは思った。あと、いじめが起きやすいトイレなどの「ホットスポット」の巡回など、かなり実践的な内容になっている。

なお、ホットスポットは国によって異なり、日本だと圧倒的に教室がいじめの「場」として多いことが分かっている（森田洋司監修『いじめの国際比較研究』金子書房）。

ただし、これはネットやスマホが普及していない90年代のデータなので、現在はそうとは言えないかもしれない。ライン外しなど「場のない」いじめも増加しているだろう。

最近のメタ分析によると、オルヴェウスのプログラムは学校でのいじめ防止に一定の効果があることが示されている。ただし、いじめの被害を減らす効果は全体としてオッズ比にして1・26。統計的有意差はあるものの、劇的にいじめ被害が減るわけではない（オッズ比は知らない人には理解が難しいだろうが、端的に言えば1・26〔95％信頼区間は1・16－1・38〕のオッズ比ということは、いじめ被害は3割減るか減らないか、というところで、半減すらしない）（＊41）。

なお、オルヴェウスのプログラム効果には人種・民族差があり、例えば白人には効果があるが、他の人種では効果が見られなかった、という報告もある（＊42）。

では、日本におけるいじめ対策のエビデンスはあるか。

残念ながら、日本でのいじめ防止効果については、２０１９年3月発表のメタ分析に論文が引用されておらず、その後検索してもヒットしなかった。論文化された質の高い比較試験は存在しないものと推測する。

情報はあっても、ソリューションがない

日本のいじめの議論は観念的になりやすいので、こうした防止プログラムの効果を比較して、統計的に解析する「いじめ対策の科学化」が必須だ。結果が出ているか、どのくらい結果が出ているかを吟味する。

結果はデータである。データは正確に抽出されねばならない。つまり、事実の隠蔽などあれば科学的吟味などは絶対にできない。

また、最良のいじめ防止プログラムの一つであるオルヴェウス・プログラムだとしても、その効果はいじめを半分に減らす効果すらない、という事実は知っておくべきだ。「いじめ

のない学校」は簡単には得難い難事なのである。

その自覚もなく、軽々しく「いじめのない学校」などを目標にすれば、事実の矮小化と隠蔽体質が生じるのは当たり前だ。また、「道徳教育」みたいに授業だけやっても、実質的ないじめ防止効果は期待できないことも、このデータからは推察できる。


日本でもいじめ防止対策プログラムの提案や、参考書はたくさん出ている。

しかし、残念ながら「そのプログラムでどのくらいの結果が出ましたか。いじめは減りましたか」という問いに答えてくれるものはほとんどない。要するに結果を出していない、出せていないのだ。

我々、医者が一番大事にするのは「結果」である。これをぼくらは「アウトカム」という。アウトカムが大事。アウトカムはほとんど全てである。なんとかという治療をした、は手段であって、目的ではない。大事なのは「治療をして、どうなった」かだ。

患者の苦しみはとれたか、命は助かったか、手足の動きは改善したか、うつ症状は消えたか。こういった「結果」「アウトカム」にこだわることこそ大切なのである。

「データを大事にする」という荻上チキ氏の『いじめを生む教室』も、どういういじめがどこで起きているか、という「現状説明」系のデータは多くて参考になるが、「どうやったら減るか」という介入効果を示すデータはほとんど示されていない。ほとんど、日本では存在しないからだろう。

現状説明はできても、現状打破はできていない。現在を説明できても、未来は切り開けていない。それは「情報」ではあるが、ソリューションではない。

脳科学といじめ——日本人にはなぜ空気を読むタイプが多いのか

いじめに関しては、脳科学の方面からの分析もある。

脳科学者の中野信子氏によると、人間が生存するためには集団を作らねばならない。なぜなら弱いから。そして、集団のなかでズルをするフリーライダーがいると「集団は機能しなくなり、やがて崩壊してしまう」(『ヒトは「いじめ」をやめられない』小学館新書)のだという。だから共同体にとって邪魔になる人物は、制裁行動を通じて排除する。そのような機能が脳に植え付けられているというのだ。この排除機能が過剰になる(オーバーサンクション)ことが、いじめが起きる原因なのだという。

脳内物質(ホルモン)であるオキシトシンは「愛情ホルモン」と呼ばれ、愛情を司《つかさど》り、仲間を作るのに役立つが、このホルモンが過剰になると、仲間への制裁や排除に導くのだという。

また、集団からの逸脱者を許容しないのが日本人なのだそうだ。セロトニンは俗に「安心ホルモン」とも呼ばれる安心感をもたらす脳内物質だが、このトランスポーター（輸送役）が日本人には少ないのだという。そのため日本人には、心配性、不安にかられやすい人が多く、また「空気を読む」タイプになりやすいという。

向社会性がいじめを助長する。反社会的なアウトローはいじめに手を出さない。一見矛盾しているようだが、実はそうなのだ。仲良し集団はいじめを生みやすい。内的結束を高めるには外敵を攻撃するのが一番手っ取り早い。

日本政府が内政面で問題を抱えると、すぐに隣の韓国や北朝鮮や中国に対して「態度が悪くなる」のはそのためだ。日本政府の名誉（?）のためにちょっと言っておけば、この手の外交政策はほとんどの国で採用している戦略なんだけど。

しかし、脳内ホルモンは、排除性や制裁、攻撃性を司るのが真実だとしても、それがいじめの本質的な衝動だから仕方がない、という中野氏の意見は頷《うなず》けない。

人間には攻撃性や暴力性を助長するホルモンだってあるが、その存在は攻撃や暴力を正当化しない。

男性は精巣からテストステロンといういわゆる男性ホルモンを分泌するが、これが攻撃性と関連していることはよく知られている。思春期の中学2年生あたりでいじめが苛烈になりやすいのは、テストステロンの分泌量の増加と関連しているのだという。

かといって、男性であることそのものは否定できないし、テストステロンが出ていても、ほとんどの男性は攻撃的にはならない。**犯罪者や殺人者のほとんどが男性であっても、男性のほとんどは犯罪者でも殺人者でもない。**

よって、ホルモンはいじめが起きる現象を説明できていても、いじめがなくならない根拠としては弱い。いじめを回避している人はたくさんいる。ホルモンが我々の行動を完全に規定しているわけではない証拠だ。たいていの原理主義は間違っているが、ホルモン原理主義も間違いだ。

短絡的な特性クラスタによる分類も、いじめと同じ

あるカテゴリーを持つクラスタにリスクをなぞらえて論じる気持ち悪さやリスクを、総合内科医の尾藤誠司先生が懸念している（「1人の人が起こした1つの事件をあるクラスタの

特性が原因とみなすことについて」（＊43）。殺傷事件が起きたときに、犯人が「引きこもり」であったために、「引きこもりが殺人の原因だ」みたいに早とちりしてしまうのだ。これが「いじめの構造そのもの」であるという点において、尾藤先生に全く賛成だ。

精神科医の斎藤環先生も、ツイッターで、

定義に合致する意味でのひきこもりが通り魔をした事件はいまだかつて存在しません。ひきこもりの犯罪率は著しく低いです。家庭内暴力と通り魔は攻撃性のベクトルが逆なのでほぼ両立しません。今後懸念すべきリスクは、将来を悲観した当事者の自殺と無理心中（未遂）、疲弊した親による「子殺し」。


と述べている。

短絡的な特性クラスタによる分類、そして、短絡的な因果関係の説明は、差別社会の深刻な病だ。これはまさに「明日は我が身」なのだ。誰だって、「その他大勢の人々」から見ると「理解できない」何かしらの特性を持っているのだから。たまたまその特性を持っていたというだけで特定のクラスタにカテゴリ付けされてしまい、その上で「危険人物」扱いされてしまう。

そして、その源泉となっているのが「理解できない」人たちに対する嫌悪感だったとしたら、まさにこれはいじめの構造そのものではないか。

池田清彦先生によると、他人を道連れにする衝動に駆られた人物が殺人にいたることを「アモク・シンドローム」と呼ぶそうだ（『心は少年、体は老人。』大和書房）。大量殺人のあとの自殺、はアメリカでしばしば起きているが（日本でも津山事件など実例がある）、単なる殺人者とは異なる特質があるらしい（＊44）。

しかし、こういうアモクとか大量殺人のあとの自殺にせよ、特に「ひきこもり」がリスクになっているというデータは見つからない。**おそらくは、「ひきこもり」は原因というよりも結果と考えるほうが合理的だ。**だから、ひきこもりを無理にひきこもらないように仕向けたところで、こういう殺人―自殺の連鎖はなくならないだろう。

それよりも、アモクにせよ「殺人・自殺」の連鎖にせよ、そのリスク因子でほぼ、はっきりしているものが一つだけ、ある。

それは、「男性」であるということ。

女性でこういう事例を起こすことは極めて稀である。

で、ここで思考停止になって、やっぱり男が悪いんだ、とミサンドリー（男性嫌悪）に走ったりしてはいけない。

もちろん、昔、アラン・チューリングが受けたような（というかまあ逆だけど）ホルモン療法などを想起してもいけない。

チューリングは同性愛者である「罪」のために（英国では20世紀の第二次大戦後まで同性愛は犯罪だった）、男性ホルモン注射を義務付けられた。英国も非常にえげつない人権無視の負の歴史を持っている。逆に世の男性に女性ホルモンを注射したら、男性特有の暴力性や犯罪性は抑圧される可能性は、ある。

あるが、その副作用は大きい。

まず、人口は激減する。特にすでに人口減少モードの日本では大打撃だろう。

それ以上に問題なのは「分母」の問題だ。つまり、アモク、殺人・自殺者のほとんどは男性なのだが、男性のほとんどはアモクでもなく、殺人・自殺などしないってことだ。どちらを分母で考えるかで、見えてくる風景が変わってくる。

よって、ほとんどの男性にとって、殺人のリスクを糾弾されるのは筋違いな八つ当たりだ、ということだ。

同じことは、例えば「痴漢」についてもいえる。

痴漢のほとんどは男性だ。が、男性のほとんどは痴漢などはしない。一部のフェミニスト（ここでも分母が大事で、みんなではない）がときに、SNSなどで男がみんな悪い的な情報発信をし、「私はこんなに痴漢に苦しめられてきた」という文脈で糾弾するが、**糾弾するべきはあくまで痴漢であり、男性そのものではない。**

このことは、個別の事例を過度に一般化してはいけない、というもっと一般的な法則で適用できる。過度の一般化は差別の正当化にしばしば使われる。そのような陥穽《かんせい》に陥ってはいけない。

そうすると、稀な大量殺人・自殺という現象に、一般的な対策を立てるのも必ずしも正しくない、ということが分かる。個別の事例は個別的に対応すべきで、何かそこから一般的な方策など導き出さないほうが良い。

街の監視カメラを増やして、犯罪一般の抑止圧力をかける、みたいなのは妥当だけど、それ以上踏み込むと、冤罪や八つ当たりの弊害がずっと大きくなる。

スポーツ界といういじめのエートスとその変化——昭和から令和へ

空気によるいじめが支配する日本。しかし、徐々にではあるが、変化の兆しも見えてきている。例えば、スポーツ界だ。

2019年夏の高校野球岩手県大会決勝で、大船渡高校の絶対的エースと目された佐々木朗希投手が監督の指示で登板を回避した。大船渡高校は結局決勝で大敗し、甲子園出場は叶わなかった。

TBS系のテレビ番組『サンデーモーニング』で、「喝」とか「あっぱれ」とスポーツ界を論評している元プロ野球選手の張本勲氏は「絶対、投げさせるべき」と批判した。

張本氏は「あれはダメだよ。一生に1回の勝負でね。いろいろ言い訳はありますけど、投げさせなきゃ」「歴史の大投手たちはみんな投げてますよ」「怪我をするのはスポーツ選手の宿命だもの。痛くても投げさせるくらいの監督じゃないとダメだよ」「あの苦しいところで投げさせたら、将来、本人のプラスになるんですよ」などと述べたという。これを受けて大リーグ投手のダルビッシュ有やサッカーの長友佑都らが張本氏のコメントを批判した。

張本氏のコメントは「全体のためには個は犠牲にすべき」「個の犠牲は、その個人のため」という2点に集約される。

これは日本社会のいじめや虐待を正当化してきた、大きな2つの根拠でもある。いじめや虐待をやらかす連中の常套句《じょうとうく》が、「みんなのためにお前は我慢しなきゃ」であり、「これはお前のためを思ってやってるんだよ」だからだ。

佐々木投手が登板を回避したのは妥当な判断だったと思う。

世論は張本氏のような批判派と、ダルビッシュのような賛同派に分かれたが、概《おおむ》ね、特に若い世代で登板回避容認派が増えていることを、若干の驚きとともに素晴らしい世の流れだとぼくは思う。

令和元年は、いろいろな意識改革元年の年として、後年、肯定的に振り返られるときがくるのかもしれない。

これが昭和の時代であれば、大船渡高校の監督は「愚かだ」「選手を甘やかしている」「他の選手の気持ちをどうするんだ」「高校や地元の名誉に傷をつけた」と大批判を浴びていただろう。しかも、何十年も。佐々木投手は「甘えている」「自分のことしか考えていない身勝手」とこれも徹底的に非難されたであろう。何十年も。

昭和的全体主義のシンボルとしての高校野球

私見だが、高校野球的な「一種の全体主義」は、日本が太平洋戦争後にどん底から這《は》い上がる上での、必要不可欠な「スクラム」としての全体主義ではなかったかと思う。

ぼくは昭和46年（1971年）生まれだから、「見てきた」わけではない。しかし、推測するに、戦後のどん底から復興し、高度成長を達成するためには、皆が一致団結して一つの目標、「日本の復興」のために肩を組んで、前を向いて歩くことが必要不可欠だったように思う。その象徴が、例えば並木路子の歌う「リンゴの唄」だったのだろう。

現在でもそうだが、国民国家がナショナリズムを発揮するために、スポーツは格好のツールである。「巨人、大鵬、卵焼き」に代表されるように、戦後日本の少年たちを鼓舞したスポーツは野球と相撲であった。あとは、力道山らのプロレスだろうか。

しかし、プロレスは「ごっこ」以外はあくまでも「見るスポーツ」であって「やるスポーツ」ではなく、相撲も次第に「やる」から「見る」に移行していった。「ナウい」ことが大事であった1980年代には、相撲は「やるスポーツ」としては「ダサい」ものになっていた（ナウいとかダサいの意味が分からない人はWikipediaで調べてください）。

昭和の時代、「やるスポーツ」としても「見るスポーツ」としても、野球はオンリーワンの地位を占めており、運動の得意な少年はたいてい野球少年になった。高校野球の人気も絶大であった。甲子園で活躍する選手は地元の名士として何十年も語り継がれたし、甲子園で致命的なエラーでもしようものなら、それも長年、語り継がれた。

ぼくは高校時代、試合にも出られないぱっとしないサッカー部員だった。松江市のしがない県立高校に通っていたが、当時のサッカー部は割と強くて、3年生のときにインターハイ（夏の全国大会）に出場することになった。

夏休み前に全校生徒を集めて壮行会があったのだが、ちょうど野球部の「松江地区予選」の壮行会と重なった。野球部のみなさんと一緒に壇上に上がったが、校長は延々と野球の話ばかりしてサッカーの話など一言もしなかった。平成元年（1989年）のことだった。まだJリーグはなく、サッカーはもろにマイナースポーツだったし、野球以外のスポーツはほぼすべてマイナーだった。そういう時代だったのである。

山口瞳の小説『居酒屋兆治』（新潮文庫）は、高倉健主演で映画になった（1983年）。高倉健扮する主人公の「兆治」は、もと高校野球のエースだったが負傷のためにプロ野球を断念、その後いろいろあって居酒屋の主人となる。屈折した人生の転落で「うじうじ」している兆治に絡む高校時代の先輩を伊丹十三が演じ、その挑発に乗って「兆治」はこの先輩を殴ってしまう。

で、警察に捕まった兆治に刑事が言うのだ。

「この手で人を殴っちゃあいけませんよ。（中略）あんた、我らの青春の、その……シンボルじゃあないですか」

長々と昭和な映画を紹介した。高倉健も伊丹十三もすでに故人で、知らない人も多いだろうが、要するに昭和の時代は「こんな時代」だったのだ。高校野球のエースは、何年たっても地元のヒーロー。居酒屋の親父になっても、その豪腕は憧れの対象なのだ。

みんなが貧しい社会から、貧しくない社会へと肩を組んで歩いていこうとするとき、そのシンボルの一つが野球であり、高校野球であり、高校野球のエースだったのだ。

そういう時代に「肩に違和感があるから試合に出ません」などと言うことは当然許容されなかったであろう。

そして、張本氏が言うように、昭和の時代の大エースは肩に無理をさせても生き延び、活躍してきた猛者たちだった。４００勝投手の金田正一などがその代表だ。

成功譚の蔭に、野球人生を縮めた多くの存在

しかし、これは一種の成功バイアスだ。肩に無理をさせて生き延びた選手がいる、は「肩に無理をさせたほうが良い投手になる」ということを意味しない。おそらくその背後には、肩に無理をさせたがゆえに野球人生を縮めた選手たちが山のようにいるはずだ。

事実、肘を痛めて「トミー・ジョン手術」を受けている投手の4割が高校生で、小学生すらいるという。トミー・ジョン手術は比較的最近確立された手術だから、昔は多くの投手たちが、肘を痛めたために引退を余儀なくされていたのかもしれない（＊45）。大リーグに移籍した日本人投手のほとんどが、渡米後にトミー・ジョン手術を受けている。これまでの肘の酷使が影響したのではなかろうか（＊46）。

永淵洋三は、水島新司の漫画『あぶさん』（小学館）のモデルになったプロ野球選手である。酒豪で二日酔いでも活躍したため有名になったが、彼が有名になり、漫画のモデルになったことは、「そういうことは、めったにおきない」レアケースであることの逆説的な証左である。

健康に気を遣い、肩を大事にしたほうが、野球選手の選手生命は延びるし、活躍の可能性はより高まる。その証拠に、高校時代は完投、連投させるくせに、プロになったらそんなこ

とはさせない。高校時代よりもプロの方が肩は強くなっているはずだが、怪我で台無しにしたらチームにとって大きな損失だからである。

「夏の甲子園」にひそむいじめの構造

時代は変わりつつある。日本はそれなりに「貧しくない国」になった。国は貧しくなくなったが、国内の貧富の格差は広がってきて、もはや国民みんなでスクラムを組んで前を向いて歩く、というエートスはなくなっている。美空ひばりのような国民的歌手もいなくなり、高倉健のような国民的スターもいなくなり、紅白歌合戦も大河ドラマも、国民みんなで共有する「場」ではなくなった。良くも悪くもみんなバラバラなのが令和の時代だ。

高校野球の人気を受けて、多くの高校スポーツは野球のマネをしようとした。冬の高校サッカーや春の高校バレーは、そのようにして人気アイテムになったのだ。

しかし、高校スポーツの人気はだんだん、相対的にだが、落ちていく。

理由は簡単だ。高校スポーツのレベルが高くないからだ。少なくともプロに比べるとずっと落ちる。「やるスポーツ」としてはいいが、「見るスポーツ」としては物足りない。

スポーツコンテンツはネットの普及とともに広がっていき、各自はトップクラスの「マイナースポーツ」を自由に楽しむことができるようになった。テレビをつけると巨人戦、の昭和な時代は終わり、ネットで欧州のサッカーを見たり、スヌーカーを見たり、ネットボールを見たりできるようになった。

そもそも、高校生のスポーツは見られるために存在するのではない。やるために、本人たちのため「だけに」存在するのだ。存在するべきなのだ。当たり前の事実が、ようやく平成も終わりになって理解されようとしている。

野球もまた例外ではない。佐々木投手の「非登板」が皆の理解を得ようとしているのは、そのためだ。

はっきり言ってしまおう。夏の高校野球などは若者を犠牲にして炎天下の中で拷問的なスケジュールでの野球を強いて、これを日本中が注視して喜ぶ虐待的なイベントである。高野連や朝日新聞社、中継するＮＨＫなどのテレビ局たちも「いじめ」の加害者だし、甲子園やテレビで声援を送るファンたちもその加害者だ。

しかし、このいじめはあまりに加害者が多く、構造的で歴史的なために、そのいじめの構造に多くは気づかず、多くは必要悪と肩をすくめ、看過しているだけなのだ。

夏の高校野球なんてやめてしまえばよい。多くは失笑するだろうが、ぼくは本気でそう思っている。野球をやりたければ、リーグ戦などを開催すればよいのであり、それも週1ゲームとかでよい。勝っても負けてもよい。10代の選手に完投させるなどもってのほかである。その点、大船渡高校の監督もまだまだ後進的なのだとぼくは思う。

もちろん、ぼくは高校野球が好きな人々の存在そのものは否定はしない。彼らはネットで、あるいは球場に行って好きな高校スポーツを愉しめば良い。

しかし、選手生命を短くするような炎天下での連戦、連投を無理強いし、何かを犠牲にすることで自らの満足感を充足させるような「いじめ行為」はしないでほしい。そう思っているだけだ。

「厳しい練習」が目的化していないか

プロになるようなレベルであれ、アマチュアレベルであれ、10代でスポーツをやめてしまう人はとても多い。

野球などはまだましであるが、ぼくがやっていたサッカーなどは、社会人になるとやめてしまう人がとても多い。

仕事が忙しい、ということもあるが、部活動のときの練習が厳しすぎて、大学に入ると

「やめてしまう」のだ。あんなしんどいこと、もうごめん、というわけだ。

かくいうぼくも、医師になってからはサッカーなどしなかった。ああいうきついスポーツは若いときだけだ、と決めつけていたのだ。

しかし、ひょんなことからジョギングを始め、また偶然的にフルマラソンやトレイルラン、ウルトラマラソンをやるようになって、「サッカーもできるんじゃないか」と思うようになった。２０１８年から、夜間の「大人のサッカー教室」でおじさんたちと（ぼくもだけど）ボールを蹴るようになった。

50近くになってサッカーを再開して、いろいろ驚かされている。なんといっても、練習の質の向上が著しい。ほとんど浦島太郎のような心境でいる。分かりやすい一例を言えば、昔であれば「走れ、走れ。もっと頑張れ」という指導が多かったように思う。ところが、現在の指導だと「そこは、休んだほうがいいですよ。走ると、疲れますよ」と教えられるのだ。

かつてのスポーツ界では、厳しい指導、厳しい練習が目的化していたところがある。野球やサッカーに限らず、どのスポーツでもそうだった。

ラグビーの平尾剛さんのお話をよく紹介するが、だめなラグビーコーチは「疲れて動けなくなるまで練習する」のだそうだ。しかし、そういう練習をすると、選手はタフになるどころかどんどん体の動かし方が下手になる。「疲れて動けなくなる」が練習の目標になってしまい、一刻でも早く疲れて動けなくなるような、下手な体の動かし方をしてしまうからだ。

このことは、練習を厳しくしてはいけない、とか動いてはだめ、という意味では決してない。その証拠に、2019年のラグビー・ワールドカップでは、世界一タフで厳しい練習をやった日本代表が、アイルランドに勝利するという世紀のアップセット（番狂わせ）を再びやってのけた。

要は、その厳しさが目的に合致しているか否か、である。

スポーツ界はさらに成熟すべき

目的。

多くのスポーツ選手にとって、目標は長期的な選手としての大成にあるとぼくは思う。短期的な甲子園での活躍ではない。甲子園で活躍しても良いけど、その栄光を思い出に、野球をやめてしまうのはもったいない。

一生野球を続ける、生涯スポーツを楽しむ人がもっと増えたら、日本のスポーツ界はさらに成熟する。そのようにぼくは思う。そこから逆算すると、高校時代に衆人のいじめ的な過酷なプレイを強いて、ましてや怪我のリスクも顧みないような昭和な高校野球のエートスは終わりにすべきなのだ。

たしか、１９９１年のことだったと記憶するが、イングランド代表のサッカーの試合で、当時エースだったガリー・リネカーが欠場した。妻の出産に立ち会うためだった。その話を聞いて、テレビを見ていたぼくは驚いた。当時のぼくの感覚から言えば、「個人の事情」である妻の出産のために国際試合を放棄するなど、到底許容されないことだったからだ。しかし、ＢＢＣのアナウンサーも解説者も、これを当然のことのように伝えていたし、ファンもジャーナリストも別段、これを批判的には見なかった（当時ぼくはマンチェスターに住んでいた）。

２０１９年になって、ヴィッセル神戸のアンドレス・イニエスタが、やはり妻の出産に立ち会うためにスペインに戻り、Ｊリーグを欠場した。ラージ・メディアもソーシャル・メディアも、これを批判したものはなかったように思う。現在のぼくは、もちろんイニエスタの判断を当然のことと思うようになった（まあ、ヴィッセルは貴重な勝点を落としてしまったけれど）。あれから30年近くたって、ぼくも日本社会もそれなりに成熟してきたのだ。

もう一度言う。夏の甲子園は戦後日本社会の全体主義、スクラム主義の遺産である。

それは歴史上、一定の役割を果たしてきたとは思うけれど、よくも悪くも「個の時代」の現代において、みんなでスクラムは時代遅れだ。「怪我人が出てもスクラム」はもっと時代遅れだ。

全体よりも個。それも、生涯にわたる個である。甲子園が「通過点」となり、「目標」でなくなれば、個々人はもっと自由にプレーできるし、長くプレーできる。

そして、その恩恵を一番受けるのは、実は野球ファンである。多くの「活躍できる可能性があったのに潰れて消えてしまった選手」の出現を回避できるのだから。

ところで、最近では高野連に所属しないユース向けのチームができているそうだ（＊47）。

選択肢が増えるのはいいことだ。サッカーでも、高校の「部活」でないユースチームが増えて、相対的に「高校サッカー（選手権）」の地位は落ちたが、サッカー全体のレベルは向上した。いろんな人がいるのは、レベルアップに資するのだ。

いろんな人がいるほうが全体が得する。つまりは、多様性の効能である。

このことを全体が理解したとき、「いじめ」のエートスは小さくなる。いじめとは要するに、多様性の全否定に他ならないからだ。

燃え尽きるのは受験の世界も同じ

話はやや変わるが、スポーツ界での「高校時代に頑張りすぎて、燃え尽きてしまう」現象は、大学受験においてもしばしば認められる。

医学部は典型的で、厳しい受験地獄を勝ち抜いてきた優秀な医学生たちが、大学に入学した途端に勉強しなくなってしまう。

勉強しないとどうなるか。

医学生はアホになるのである。

当然だ。どの世界に、鍛錬を怠って、その能力が維持されたり、伸びたりする領域があろうか。

スポーツの世界、音楽の世界、囲碁や将棋の世界。どの世界にも、トップレベルのスーパースターたちがいるが、そのようなずば抜けた才能を持つ「天才」ですら、いや、天才だからこそ、鍛錬を怠らない。トレーニングのために身体を壊してしまうような、前述した本末転倒な態度は論外だが、だからといって「練習しない」で能力が伸びる世界などありえない。

学問の世界でも全く同様である。

しかしながら、ぼくが医学生になったときにはすでにそうであったが、医学部では「大学に入ることがゴール」と言わんばかりに、遊び出す人たちがとても多かった。どうせ病院勤務をするようになれば、寝る間も惜しんで働く厳しいブラックな労働環境が待っているのだ。まあ、6年生になると国家試験準備をしなければならないから、せめて1年から5年生くらいは羽を伸ばしてのんびりしようよ。多くの医学生はそう考えたし、教員たちも「そんなものだ」と考えていた。今でもそう考えている。

しかし、海外で医学・医療のトレーニングを受けた人は「それが非常識だ」と知っている。医学の進歩は凄《すさ》まじく、臨床医療の進歩もまた然りで、ぼーっと遊んでいて習得できるものではないからだ。

特に大切なのは、頭の使い方である。考えること。判断すること。現代医療においてはこれがとても大切になる。

しかし、日本の医学部においては、臨床現場における「考え方」を学ばず、「判断の方法」を学ばない。よって、医学生は考えないし、判断できない。そのまま医師になる。

では、そのような「考えられない」「判断できない」医者は、どうやって臨床現場をサバイブしていくか。

それは、「習慣」である。

記憶力は優れた医学生・研修医たちだ。教えれば、暗記できる。考えることはできなくても。

「うちの病棟では患者が熱を出したら、この検査を出して、この抗生物質出しとけ」

指導医は、そのように「ノウハウ」を教える。判断できなくてもよい。対応できればよいのだ。

よって、患者の熱の原因を「考える」ことをしなくても、研修医は「対応」はできる。なぜ、指導医はそのような「ノウハウ」を教えたか。それはその指導医も上の医者から「ノウハウ」を教わったからだ。

「判断できず」「考えられない」医師たち

日本の医者は構造的に、何十年も、臨床医学における「考え方」「判断の訓練」を受けてこなかったのである。よって、卒後数十年のシニアクラスのドクターでも、「考えない」「判断できない」だが「対応だけはできる」医者は多い。熱が出たら、なんとかマイシン。そのようなリフレキシブ（反射的）な診療は日本全国に普遍的だ。

これはスポーツにたとえると、「こういう場面ではバットを振れ」とか「こういうときは逆サイドに振っとけ」と教わることに等しい。練習で運動能力を鍛え、「対応できる」が、「判断できず」「考えられない」。

しかし、これでは、あるレベルまでは通用しても、その上のレベルでは全く通用しない。とはいえ、この問題についても、ぼくはかなり楽観的に捉えている。若い世代で「考える」「判断する」訓練を受けている人が増えているように思うからだ。

野球の世界では、やはり野茂英雄とイチローの存在が大きい。

彼らはグラウンド内でも「考える」選手だったが、そもそも日本プロ野球界から離脱し、大リーグでプレーするという「判断」を下した時点で、「上から言われたことを粛々とやる」タイプの、日本的サラリーマン、あるいは官僚型の人間とは大きく異なっていた。

1995年に大リーガーになった野茂英雄に、日本の野球界、野球ファン、そしてメディアは多くの中傷、嫌がらせをしたという。「巨人、大鵬、卵焼き」の時代には、スポーツで活躍するとは国内で活躍することであり、海外での活躍はそもそも「想定外」であった。その心の壁を突破し、常識を破った野茂を、人々は異端視したのである。

異端はいじめの対象となる。野茂は長い間日本で冷遇されたし、それゆえ野茂は、日本に戻ってこようとは思わなかった。後のイチローも、大リーガーのままで現役選手を引退したが、やはり同じような「異端児」であったからだろう。

多様性を認めないと、いじめが起きる。才能がある異端児は、海外に活路を見出す。

若い世代では、確実に変化が起きている

本稿を書いている2019年には、10代の久保建英《たけふさ》が、世界トップレベルのサッカーチーム、レアル・マドリードに入団した。

久保のすごいところは、語学力を鍛え上げて、最初から「世界」で戦う準備ができていたことと、フィールド内で考える能力が抜群に高いことだ。

とにかく頭がよい。自分で判断できる。

コーチから教わったことができるだけでは世界のトップとは戦えない。プレー中は監督やコーチの指示が（ほとんど）役に立たないサッカーでは、特にそうだ。瞬時瞬時に、自分がどこにいて、何をすべきかを考え、判断できなければ、世界では戦えない。考え、判断する能力が高いほど、世界で活躍できる。

医学生のなかでも、授業で教わったことを暗記するだけの「対応能力」だけを教わった学

生が未だに多い中で、自分で考え、「そもそも何をもって『正しい』とするのか」といった深いところまで考える人が（少しずつではあるが）年々増えてきたように思う。

これは、初期研修制度の功績も大きい。

かつては大学の医局に入局し、大学病院で研修を受け、医局の方針、教授の考えを丸暗記するだけだった若い医者のライフプランに、一般病院での研修という選択肢が増えた。海外で研修を受ける人も出てきた。

選択肢が増えたということは、人は選択しなければならないということだ。まだまだ定型的な「対応するだけ」の医者が多い日本の医療現場だが、少しずつだが考えることのできる若手医師が増えている。

「考える」とは、「人と違うことを許容する」ことと同義だとぼくは思う。上から教わったことをそのまま丸暗記、は同調圧力の等質的な集団づくりに親和性が高いからだ。

「我思う、故に我あり」はまさに至言であり、「私が考えることこそが、私が私であることだ」と考えるのだ。それは同時に「私が他者とは違う根拠」を求めることでもある。

私が他者とは違う。それは当然のことだ。当然のことが当然のこととして了解される。個人の中でそれが了解され、仲間のあいだでそれが了解される。

社会全体の中で「違い」が認識され、了解され、許容されるとき、現在も続く、昭和の時代からの「いじめの構造」はだんだんと瓦解していく。そのようにぼくは考えている。現在の絶望的な状況の中でもやや楽観的でいられるのは、そのためだ。

あとがき

本書をお読みいただいた皆様はお気づきだろうが、ぼくは空気が読めない。忖度をしない。空気が読めない、というのは実は必ずしも正確ではなく、「読めていても読まないふりをする」ことも多い。空気がものごとを決めるのは不健全だと思っているからだ。だから、わざと読めないふりをする。

このタクティクス（戦術）が上手く機能することもあるのだが、まったく失敗してしまうこともある。冒頭のダイヤモンド・プリンセス号などは、完全に上手くいかなかった事例だ。やはりある程度の根回しとか、空気を読むとか、小狡い処世術は大事なのだ。

大事なのだが、そのような根回し、処世術が苦手な人たちもたくさんいるとは思う。ぼくみたいに。

そういう人だって、いじめられずに楽しく生きていく権利はある。ぼくはそう思う。あるいは、ぼくみたいなタイプじゃない人でも、たとえどんな理由があってもいじめてよい理由にしてはならない。本書で何度も申し上げているが、**これがあったらいじめてよい、という理由は一つもない**。そして、「いじめてもいい理由」の存在を認めている限り、日本からいじめは絶対になくならない。大人の世界でも、子供の世界でも。


結局のところ、ぼくがYouTubeにダイヤモンド・プリンセス号の実情をアップしたのは、「理不尽に泣き寝入りはしない、絶対にしない」という思いがあったからだと思う。

もちろん、ダイヤモンド・プリンセス号の感染問題を看過してはいけないからでもあるのだが、同時に理不尽を看過すれば、必ず理不尽を正当化するエートスでその社会は満たされてしまう。そう思ったのもまた事実だ。

たとえどんなにたくさんの人たちからバッシングにあおうと、理不尽は許容しない。炎上など、物の数でもない（また、こんなことを言うから怒られるんだけどね）。

理不尽を許容する側に立つ人は、いざとなったら困っている人を平気で見捨ててしまう人だ。特に、見捨ててもいいようなもっともらしい理由があるときはなおさらそうだ。

ぼくは、医療者とは要するに「見捨てない人」だと思っている。どんな理由があっても、見捨てない。それが医療者の医療者たる「存在理由」だと思う。

見捨てないこと。それがいじめないことと同義なのだ。

＊　＊

本書はいじめについて考え、調査し、分析し、対応策を見出そうと、5年くらいかけて構想したものです。途中で新型コロナウイルス問題が勃発したために、そのエピソードも入りましたが、オリジナルな草稿ではコロナの問題は完全に捨象されていました。

論考を推敲するために、文章の一部はぼくのブログにアップして、いろいろな方の意見を求めています。その点、ご了解いただきますようお願い申し上げます。

また、本書の作成には草薙麻友子様に大変お世話になりました。この場をお借りしてお礼申し上げます。

【註】

（＊１）ＭＢＳニュース（２０１９年10月11日）

（＊２）『日刊スポーツ』（２０１７年11月28日）
https://www.nikkansports.com/entertainment/news/201711280000328.html

（＊３）太田肇「『白鵬たたき』にみる日本型〝イジメ〟の構造」東洋経済オンライン（２０１７年12月14日）https://toyokeizai.net/articles/-/200739?page=2

（＊４）ＮＨＫニュース（２０１９年７月17日）

（＊５）https://matome.naver.jp/odai/2151525096867393401?page=2 など

（＊６）Unisex toilets in schools leaving female students too afraid to use loo. NZ Herald.（2019 Feb 18）

（閲覧日２０１９年７月27日）

https://www.nzherald.co.nz/lifestyle/news/article.cfm?c_id=6&objectid=12204733

（＊７）https://ssl.hokushakyo.jp/archives/category/info-detail（お知らせ「２０１９年９月18日」）

（＊８）https://www.mhlw.go.jp/content/11600000/000540524.pdf

（＊９）Wolke D, Copeland WE, Angold A, Costello EJ. Impact of bullying in childhood on adult health, wealth, crime, and social outcomes. Psychol Sci. 2013 Oct;24(10):1958-70.

（＊10）https://www.mext.go.jp/b_menu/shingi/chukyo/chukyo1/003/gijiroku/04112501/001/002.htm

（＊11）『日経メディカル』（２０１５年７月15日）

https://medical.nikkeibp.co.jp/leaf/mem/pub/hotnews/int/201507/543031.html

（＊12）岩永直子「ＨＰＶワクチン 厚労省はいつ積極的勧奨を再開するのですか?」（『BuzzFeed News』閲覧日２０１９年９月17日） https://www.buzzfeed.com/jp/naokoiwanaga/shoubayashi-3

（＊13）https://www.shionogi.co.jp/med/download.php?h=65e364391d5b59ee8cdaa9b4de960ba9（医療関係者向けサイト）

（＊14）Rebecca Powell. Choosing Wisely Canada recommendations. Canadian Family Physician. 2018 Mar;64(3):198.

（＊15）ＮＨＫニュース（２０１９年７月29日）
https://www3.nhk.or.jp/news/html/20190729/k10012012601000.html

（＊16）『朝日新聞』（２０１８年６月23日）
https://www.asahi.com/articles/ASL6Q5DP4L6QTLTB00B.html

（＊17）『毎日新聞』（２０１５年８月12日） https://mainichi.jp/articles/20150812/org/00m/070/003000c

（＊18）渋井哲也「岩手・いじめ自殺　２年前に自殺した生徒と同じクラス内でいじめられていた女子生徒の今」（『ＢＬＯＧＯＳ』２０１７年７月６日） https://blogos.com/article/232822/

（＊19）『産経新聞』（２０１７年８月６日）
https://www.sankei.com/premium/news/170806/prm1708060027-n1.html

（＊20）『毎日新聞』（２０１７年11月22日）

https://mainichi.jp/articles/20171122/k00/00e/040/190000c
（＊21）『毎日新聞』（２０１７年11月30日） https://mainichi.jp/articles/20171130/k00/00m/040/171000c
（＊22）『河北新報』（２０１７年５月20日）
（＊23）『産経新聞』（２０１７年５月10日）
https://www.sankei.com/affairs/news/170510/afr1705100022-n1.html
（＊24）『東京新聞』（２０１７年11月29日）
（＊25）『朝日新聞』（２０１７年11月27日）
https://www.asahi.com/articles/ASKCP6WSBKCPPIHB02F.html
（＊26）https://www.mhlw.go.jp/wp/hakusyo/jisatsu/16/dl/1-03.pdf
（＊27）https://www.mext.go.jp/component/b_menu/shingi/toushin/__icsFiles/afieldfile/2014/09/10/1351886_05.pdf
（＊28）https://www.nippon-foundation.or.jp/journal/2019/28707
（＊29）Roh BR, Jung EH, Hong HJ. A Comparative Study of Suicide Rates among 10–19-Year-Olds in 29 OECD Countries. Psychiatry Investig. 2018 Apr;15(4):376–383.
（＊30）https://www.youtube.com/watch?v=vP4iY1TtS3s
（＊31）『朝日新聞』（２０１９年７月10日）
https://www.asahi.com/articles/ASM75427QM75UTQP00L.html

（＊32）https://www.nejm.org/na101/home/literatum/publisher/mms/journals/content/nejm/2014/nejm_2014.371.issue-25/nejmp1413425/20141212/images/large/nejmp1413425_f1.jpeg

（＊33）https://www.oecd.org/gender/data/women-make-up-most-of-the-health-sector-workers-but-they-are-under-represented-in-high-skilled-jobs.htm

（＊34）『朝日新聞』（２０２０年２月27日）
https://www.asahi.com/articles/ASN2W4S9HN2VPTIL02T.html

（＊35）Fanti KA, Georgiou SN. Bullying, Victimization, School Performance, and Mother-Child Relationship Quality: Direct and Transactional Associations. Journal of Criminology. 2013.（閲覧日２０１９年８月14日）https://www.hindawi.com/journals/jcrim/2013/289689/

（＊36）Liu J, Lewis G, Evans L. Understanding Aggressive Behavior Across the Life Span. J Psychiatr Ment Health Nurs. 2013 Mar;20(2):156–168.

（＊37）「突発性攻撃的行動および衝動」を示す子どもの発達過程に関する研究――「キレる」子どもの成育歴に関する研究――文部科学省委嘱研究 平成12～13年度「突発性攻撃的行動および衝動」を示す子どもの発達過程に関する研究 報告書（２００２年３月）
https://nier.repo.nii.ac.jp/index.php?active_action=repository_view_main_item_detail&page_id=13&block_id=21&item_id=753&item_no=1

（＊38）Gillen PA, Sinclair M, Kernohan WG, Begley CM, Luyben AG. Interventions for prevention of bullying in the workplace. Cochrane Database of Systematic Reviews 2017. https://www.cochranelibrary.com/cdsr/doi/10.1002/14651858.CD009778.pub2/abstract/ja

(＊39) Bonell C, Allen E, Warren E, McGowan J, Bevilacqua L, Jamal F, et al. Effects of the Learning Together intervention on bullying and aggression in English secondary schools (INCLUSIVE): a cluster randomised controlled trial. The Lancet. 2018 Dec 8;392(10163):2452-2464.

(＊40) Bond L, Wolfe S, Tollit M, Butler H, Patton G. A comparison of the Gatehouse Bullying Scale and the peer relations questionnaire for students in secondary school. Journal of School Health. 2007 Feb;77(2):75-9

(＊41) Gaffney H, Farrington DP, Ttofi MM. Examining the Effectiveness of School-Bullying Intervention Programs Globally: a Meta-analysis. Int Journal of Bullying Prevention. 2019 Mar;1(1):14-31.

(＊42) Bauer NS, Lozano P, Rivara FP. The effectiveness of the Olweus Bullying Prevention Program in public middle schools: a controlled trial. J Adolesc Health. 2007 Mar;40(3):266-74.

(＊43) 「1人の人が起こした1つの事件をあるクラスタの特性が原因とみなすことについて」 https://note.com/bitoseiji/n/n7811d0feda0f?fbclid=IwAR3yyUAdsAWQWHPDlduAqynvNC0U8fqKtWwZ-z9wGBBtN_If0bVEL4f75VU

(＊44) Palermo GB, Ross LE. Mass Murder, Suicide, and Moral Development: Can We Separate the

Adults from the Juveniles? Int J Offender Ther Comp Criminol. 1999 Jan 1;43(1):8-20

（＊45）ＮＨＫニュース『おはよう日本』（２０１９年7月31日）

（＊46）https://www.baseballessential.com/news/2015/03/16/are-japanese-pitchers-at-greater-risk-of-injury/

（＊47）『日刊スポーツ』（２０１９年８月１日）
https://www.nikkansports.com/baseball/news/201907310000528.html

【参考文献】

あさのあつこ著『復讐プランナー』河出書房新社
朝日新聞社編『完全版　いじめられている君へ　いじめている君へ　いじめを見ている君へ』朝日新聞出版
阿部泰尚著『いじめと探偵』幻冬舎新書
阿部泰尚著『保護者のための　いじめ解決の教科書』集英社新書
池田清彦『心は少年、体は老人。　超高齢社会を楽しく生きる方法』大和書房
いじめを考える100冊の本編集委員会編『いじめを考える100冊の本』駒草出版
岩田健太郎、古谷直子著『オランダには何故MRSAがいないのか？　―差異と同一性を巡る旅―』中外医学社
岩田健太郎『感染症医が教える性の話』ちくまプリマー新書
岩田健太郎『ワクチンは怖くない』光文社新書
ヴィクトール・E・フランクル著、池田香代子訳『夜と霧　新版』みすず書房
ウォルター・ロバーツJr.著、伊藤亜矢子監訳、多々納誠子訳『いじめっ子・いじめられっ子の保護者支援マニュアル　教師とカウンセラーが保護者と取り組むいじめ問題』金剛出版
羽海野チカ著『3月のライオン』白泉社
エドゥアルド・ガレアーノ著、大久保光夫訳『収奪された大地　ラテンアメリカ五百年』新評論

【参考文献】

遠藤周作著『沈黙』新潮文庫
太田垣康男著、矢立肇、富野由悠季原案『機動戦士ガンダム　サンダーボルト』小学館
荻上チキ著『いじめを生む教室　子どもを守るために知っておきたいデータと知識』ＰＨＰ新書
尾木直樹著『いじめ問題をどう克服するか』岩波新書
小澤竹俊『いのちはなぜ大切なのか』ちくまプリマー新書
香山リカ著『「いじめ」や「差別」をなくすためにできること』ちくまプリマー新書
川田千秋著『いじめ・不登校　元校長からの解決法』セルバ出版
キャロル・グレイ著、服巻智子訳『小学校低学年用　いじめに立ち向かうワークブック　考え方とどうすべきかを学ぶ』クリエイツかもがわ
キャロル・グレイ著、服巻智子訳『小学校高学年・中学生以上用　いじめに立ち向かうワークブック　考え方とどうすべきかを学ぶ』クリエイツかもがわ
共同通信大阪社会部著『大津中２いじめ自殺　学校はなぜ目を背けたのか』ＰＨＰ新書
清永賢二編『世界のイジメ』信山社出版
栗岡まゆみ著『いじめゼロを目指して「いじめ防止授業」生徒５０００人の現場から』文芸社
ケイト・コーエン・ポージー著、奥田健次監訳、冬崎友理訳『いじめられっ子の流儀　知恵を使ったいじめっ子への対処法』学苑社
合田正人著『レヴィナスを読む〈異常な日常〉の思想』ちくま学芸文庫

小西洋之著『いじめ防止対策推進法の解説と具体策　法律で何が変わり、教育現場は何をしなければならないのか』WAVE出版
五味川純平著『ガダルカナル』文春文庫
坂田仰編『いじめ防止対策推進法　全条文と解説』学事出版
塩野七生著『ローマ人の物語』新潮文庫
品川裕香著『いじめない力、いじめられない力　60の〝脱いじめ〟トレーニング付』岩崎書店
島根県松江市立第一中学校「こころ♡ほっとタイム」研究会、深美隆司編『いじめ・不登校を防止する人間関係プログラム　～アクティブラーニングで学校が劇的に変わる！～』学事出版
ショウペンハウエル著、斎藤信治訳『自殺について 他四篇』岩波文庫
すえのぶけいこ著『ライフ』講談社
菅野純・桂川泰典編著『いじめ　予防と対応Q&A73』明治図書出版
武田さち子著『子どもとまなぶ　いじめ・暴力克服プログラム　想像力・共感力・コミュニケーション力を育てるワーク』合同出版
武田さち子著『わが子をいじめから守る10カ条』WAVE出版
玉聞伸啓著『いじめと戦おう！』小学館
玉聞伸啓著『いじめから脱出しよう！　自分をまもる方法12か月分』小学館
ダン・オルヴェウス、スーザン・P・リンバー他著、小林公司、横田克哉他訳『オルヴェウス・い

じめ防止プログラム　学校と教師の道しるべ』現代人文社

デュルケーム著、宮島喬訳『自殺論』中公文庫
寺山修司著『青少年のための自殺学入門』河出文庫
内藤朝雄著『いじめの構造　なぜ人が怪物になるのか』講談社現代新書
内藤朝雄著『いじめの社会理論　その生態学的秩序の生成と解体』柏書房
中井久夫著『いじめのある世界に生きる君たちへ　――いじめられっ子だった精神科医の贈る言葉』中央公論新社
中野信子著『ヒトは「いじめ」をやめられない』小学館新書
なだいなだ著『いじめを考える』岩波ジュニア新書
日本弁護士連合会子どもの権利委員会編『子どものいじめ問題ハンドブック　発見・対応から予防まで』明石書店
橋下徹著『どうして君は友だちがいないのか』河出書房新社
ハンナ・アーレント著、大久保和郎訳『新版　エルサレムのアイヒマン　悪の陳腐さについての報告』みすず書房
姫野カオルコ著『彼女は頭が悪いから』文藝春秋
マーガレット・ミッチェル著、鴻巣友季子訳『風と共に去りぬ』新潮文庫
水島新司『あぶさん』小学館

【参考文献】

宮川俊彦著『いじめ・自殺　この30年で何が変わり、何が変わらないのか』ディスカヴァー携書
茂木誠著『世界史とつなげて学べ　超日本史　日本人を覚醒させる教科書が教えない歴史』KADOKAWA
本山理咲著『いじめ　心の中がのぞけたら』朝日学生新聞社（1～3巻）
森口朗著『いじめの構造』新潮新書
森田洋司監修『いじめの国際比較研究　日本・イギリス・オランダ・ノルウェーの調査分析』金子書房
ピーター・K・スミス他編、森田洋司他訳『世界のいじめ　各国の現状と取り組み』金子書房
森田洋司総監修『いじめとは何か　教室の問題、社会の問題』中公新書
諸富祥彦著『NHK「100分de名著」ブックス　フランクル　夜と霧』NHK出版
山口瞳『居酒屋兆治』新潮文庫
山脇由貴子著『教室の悪魔　見えない「いじめ」を解決するために』ポプラ社
山脇由貴子著『震える学校　不信地獄の「いじめ社会」を打ち破るために』ポプラ社
吉田順著『いじめ指導24の鉄則　うまくいかない指導には「わけ」がある』学事出版

岩田健太郎（いわたけんたろう）

1971年島根県生まれ。島根医科大学（現・島根大学医学部）卒業。沖縄県立中部病院、ニューヨーク市セントルークス・ルーズベルト病院、同市ベスイスラエル・メディカルセンター、北京インターナショナルSOSクリニック、亀田総合病院を経て、2008年より神戸大学。神戸大学都市安全研究センター感染症リスクコミュニケーション分野および医学研究科微生物感染症学講座感染治療学分野教授。著書に『予防接種は「効く」のか？』『１秒もムダに生きない』『99・9%が誤用の抗生物質』『「感染症パニック」を防げ！』『サルバルサン戦記』『ワクチンは怖くない』（以上、光文社新書）、『インフルエンザ なぜ毎年流行するのか』（ベスト新書）、『「患者様」が医療を壊す』（新潮選書）、『絵でわかる感染症 with もやしもん』（講談社）など多数。

ぼくが見《み》つけたいじめを克服《こくふく》する方法《ほうほう》

日本《にほん》の空気《くうき》、体質《たいしつ》を変《か》える

2020年４月30日初版１刷発行

著　者 ── 岩田健太郎
発行者 ── 田邉浩司
装　幀 ── アラン・チャン
印刷所 ── 堀内印刷
製本所 ── ナショナル製本
発行所 ── 株式会社 光文社
東京都文京区音羽 1-16-6（〒112-8011）
https://www.kobunsha.com/
電　話 ── 編集部03（5395）8289　書籍販売部03（5395）8116
業務部03（5395）8125
メール ── sinsyo@kobunsha.com

 ISBN 978-4-334-04474-9

光文社新書

1038
バンクシー
アート・テロリスト
毛利嘉孝

21世紀のピカソ？ 詐欺師？ ビジネスマン？ 反体制のヒーロー？ いったい何者なのか？ 活動の全体像、文化的文脈とは？ 多くの謎に包まれたアーティストに迫る格好のガイドブック。

978-4-334-04446-6

1039
つつまし酒
懐と心にやさしい46の飲み方
パリッコ

人生は辛い。けれども、そんな日々にも「幸せ」は存在する。いつでもどこでも、美味しいお酒とつまみがあればいい。「飲酒」と「酒場」を愛するライターによる〝ほろ酔い〟幸福論。

978-4-334-04447-3

1040
美を見極める力
古美術に学ぶ
白洲信哉

いまブームの日本美術。西洋美術との大きな違いは、実際に使うことで「美」を育てていくところにある。目利きになるための最良の入門書にして「特異な美」の深みへといざなう一冊。

978-4-334-04449-7

1041
続・秘蔵カラー写真で味わう60年前の東京・日本
J・ウォーリー・ヒギンズ

もっと見たい！ の声に応え続編。蔵出しのプライベート・フィルムの傑作も加え、選りすぐりの544枚を惜しみなく公開。東京&全国各地の昭和30年代の人々と風景がカラーで蘇る。

978-4-334-04450-3

1042
科学的に正しい子育て
東大医学部卒ママ医師が伝える
森田麻里子

ママであり医師でもある著者が、医学論文約170本を徹底リサーチして生まれた、いま最も「使える」育児書。世界の最新研究を知るだけで、もう育児に迷わない！ 楽になる！

978-4-334-04452-7

1043
アルゲリッチとポリーニ
ショパン・コンクールが生んだ2人の「怪物」
本間ひろむ

「生きる伝説」2人はどんな人生を歩み、演奏スタイルを追求してきたのか。音楽的事象を軸に綴りながら、20世紀後半から現在までのクラシック音楽史を描き出す。【名盤紹介付き】

978-4-334-04453-4

1044
アイロニーはなぜ伝わるのか？
木原善彦

「言いたいことの逆」を言っているのに、なぜ相手に意図が伝わるのか？ 人間が操る修辞の、技術的な結晶であるアイロニーの可能性を、古今東西の文学を通じて探っていく。

978-4-334-04454-1

1045
21世紀落語史
すべては志ん朝の死から始まった
広瀬和生

「志ん朝の死」で幕を開けた21世紀の落語界。その現在に至るまでの出来事を、落語ファンとして客席に足を運び続けた立場から振り返り綴る。「激動の時代」を後世に伝える一冊。

978-4-334-04455-8

1046
中学の知識でオイラーの公式がわかる
鈴木貫太郎

天才の数式は最低限の知識で誰でもわかる。数学0点で再生2200万回超のユーチューバーが保証。動画もあるから迷わない。目指すのは丸暗記ではなく真の理解。予習ナシで今出発！

978-4-334-04456-5

1047
御社の新規事業はなぜ失敗するのか？
企業発イノベーションの科学
田所雅之

「3階建て組織」を実装できれば、日本企業はイノベーティブに生まれ変わる――ベストセラー『起業の科学』の著者が大企業に舞台を移し、新規事業を科学する！

978-4-334-04457-2

1053
女性リーダーが生まれるとき
「一皮むけた経験」に学ぶキャリア形成
野村浩子

女性の思考と行動が社会を変える――。四半世紀にわたって女性リーダーの取材を続けてきた著者が国内外の女性役員にインタビュー。キャリア形成のヒントを探る。【推薦・金井壽宏】

978-4-334-04463-3

1054
自己分析論
高橋昌一郎

「私とは何か」は答えのない問いだから、日本の学生が苦しんで当然。就活で便利ツールを使った攻略法から人生における「本当の自分発見」まで。探究を続ける人のための道案内。

978-4-334-04464-0

1055
搾取される研究者たち
産学共同研究の失敗学
山田剛志

突然届いた特許の「権利放棄書」、企業からの無理難題、研究者を守らない大学、心を病む助教、院生、学生……。産学共同研究政策は、研究者のためになっているのか?

978-4-334-04465-7

1056
芸術的創造は脳のどこから産まれるか?
大黒達也

創造性とは何か? 脳科学や計算論、人工知能に関する膨大な論文を通じて、「天からの啓示」とされる閃きのメカニズムを解析。カギは「脳の潜在記憶」にあった。

978-4-334-04466-4

1057
「自分らしく生きて死ぬ」ことがなぜ、難しいのか
行き詰まる「地域包括ケアシステム」の未来
野村晋

何が「地域包括ケア」の実現を不可能にしているのか。現役厚労官僚が柏市や岡山市での実践を基に具体的な行政手法を紹介。自治体や医療・福祉関係者、企業や市民に次の一歩を促す。

978-4-334-04467-1

光文社新書

1058

ぼくが見つけたいじめを克服する方法

日本の空気、体質を変える

岩田健太郎

自らもいじめられっ子だったという著者が、数々の経験の末に導き出した克服法とは。ダイヤモンド・プリンセス号の告発で注目の感染症医による、同調圧力を打ち破るための一冊。

978-4-334-04474-9

1059

ホークス3軍はなぜ成功したのか？

才能を見抜き、開花させる育成力

喜瀬雅則

千賀滉大、甲斐拓也、牧原大成、石川柊太、周東佑京、大竹耕太郎——なぜホークスだけが3軍制で大成功を収めたのか？　多くの選手・関係者への取材を元に解き明かす。

978-4-334-04470-1

1060

管理栄養士が伝える

長生き食事術

人生100年時代の「新・栄養学」入門

麻生れいみ

「食」を変えればカラダと人生が変わる——。明日の健康を手に入れる、未来の病気のリスクを減らすための「日常生活で何をどう食べるか」。シーン別の食事マネジメント術も公開。

978-4-334-04471-8

1061

深宇宙ニュートリノの発見

宇宙の巨大なエンジンからの使者

吉田滋

南極点の氷河に突き刺さった「宇宙からの使者」とは？　日本の物理学分野の最高峰・仁科記念賞を受賞した著者による、「高エネルギーニュートリノ」の発見をめぐるスリリングな物語。

978-4-334-04472-5

1062

データ・リテラシー

フェイクニュース時代を生き抜く

マーティン・ファクラー

虚偽に流され情報の蛸壺に陥らない方法をNYタイムズ元記者が指南。V字回復した同社にメディア再興の道も探る。日本の新聞は権力を離れて調査報道に注力し、紙信仰を捨てよ！

978-4-334-04473-2